ここが違う ボケる人 ボケない人

テキトーな
人はボケない！

斎藤茂太

興陽館

なごやかな、

やわらかい心で生きよう。

装丁　長坂勇司（nagasaka design）
カバー・本文イラスト　田中チズコ

ここが違う　ボケる人ボケない人　目次

ここが違う
ボケる人
ボケない人
目次

第1章

こんな人がボケる！

はやくボケる人　そうでない人……18
ボケるってどういうこと？……20
酒飲みは老いやすい……23
一見正常に見える人でも……26
ボケやすい人の性格とは……28

第2章

いら立ち、焦り、うつになる人！

五十代はなぜいら立つのか……32
老人はうつになりやすい……34
定年がうつを引きおこす……37
定年後の夫への妻の対処法……39
定年後、何をやればいい？……42
〝うつ〟から脱出する方法……44

第3章

病気にならない方法！

車の運転には気をつける……50
がんを予防する12のポイント……52
酒とたばこはがん要因……55
肥満を防ぐ方法……57
してはいけない減量法……60
脳卒中には気をつける……62

第4章

老いて後悔しない！

整理はその日のうちに……66
父がうつにならなかった秘密……68
老人の特権とは……71
酔狂をやってみる……74

第5章

老いの健康法！

老後の準備ははやくから……78
食べ物は比較する……80
運動が体にいい理由……83
いつまでも健康を維持するコツ……85

第6章

老いのたのしみ方！

いつのまにか「老人」扱い……90

老いの時間、私のたのしみ方……92
夫婦旅行のすすめ……96
旅は新しい知識との出合い……99
ストレスが老化予防になる……102
船の旅は心身の健康にいい……104

第7章

笑えばボケない！

挑戦する人は老いない……110
第二の人生を海外で……112

夫婦とはながい会話である……115
つねにがまんづよく……117
夫婦長持ちの秘訣とは……120
笑いの効用……122
夫婦を支える条件……125
脳にいい「おしゃれ」の効用……128
お金をかけず生活をゆたかにするコツ……131
年をとってからのセックス……133
「老いてますます盛ん」……136
幸福とか不幸ってなに？……138

第8章

孤独でもボケない！

老いの不安を消す方法……144
「配偶者の死」どうのり越えればいい？……147
「母親」業ははやく卒業する……149
女性が男性より長生きする秘密……152
妻より先に死にたい……154
男も家事にたのしみをみつける……157
年をかさねても若く美しい人の習慣……159

第9章

老い方は母に学んだ

過去にこだわらない……164
母は大いなるライバル……166
開けてみれば母のトランク……169
人とうまく付き合う方法……172
好奇心旺盛が老いにはいい……174

第10章

明るく老いるコツ

明るく老いる！……180
自立する老人たち……185
なぜアメリカの老人は明るいのか？……187
高齢化社会には「シェアの精神」が大事……190

あとがき……194

●本書の病気一覧（50音順）

アルツハイマー型認知症	23
アルコール依存症	53,148
胃がん	53
陰茎がん	54
咽頭がん	56
インポテンツ	134
うつ病（うつ）	19,33,34,37,38,39,41,44,46,68,70,147,148,157,165,174
栄養失調	152
がん	24,52,53,56
感染症	182
肝臓がん	56
肝硬変	56
記銘力障害	22
口腔がん	56
高血圧	18,20,25,26,58,61,62,83
喉頭がん	56
更年期	135
子宮頸がん	54
食道がん	53,56
神経症	157
心臓病	18,24,25,83
大腸がん	53
胆のうがん	164
痛風	58,61,83
低血圧	18,25
伝染病	182
糖尿病	18,25,58,61,83
動脈硬化	20,26,27,29,58,61,62,79,83
認知症	21,23
脳血管性認知症	23,26,28
脳卒中	24,26,62,63,64
肺がん	53,56
梅毒	124
場所的見当識障害	27
皮膚がん	53
不安神経症	195
マダラ認知症	26
抑うつ神経症	195
老人性記憶障害	22
老人性認知症	23,148,195

第 1 章

こんな人がボケる！

はやくボケる人　そうでない人

どうも、はやくボケる人とそうでない人がいるようだ。

まだ若いのにボケていく人といくつになってもボケない人がいる。

ボケを防ぐ方法はあるのか、ともよく聞かれる。

それに対する私の答えは「あります」ということである。

それではまずボケやすい人とはどういう人なのか、について考えていきたい。

ボケがはやくくるかどうかについてはふたつの場合があると思う。第一は人間の素質であり、第二は生活態度、生活環境、性格などである。

樹木ひとつをとってみても、はやく枯れる木もあれば長生きする木もある。排気ガスにつよい木も弱い木もある。人間もまた同じである。

ボケがすすむいろいろの要素があることはたしかである。心臓病、糖尿病、高血圧、低血圧、大量飲酒、喫煙などだ。

むろん強いストレスもボケをおし進める役割をする。ストレスをとくに受けやすい人がいるのだ。ストレスをうまく避け、やり過ごすことが下手で、直立不動に突っ立って、強風に吹き倒されてしまう人である。よく考えると、それはまたうつ病になりやすいタイプと性格的に似ている。

その性格とは粘着性性格または執着性と呼ばれるものである。こうした性格の人はおおむねつぎのような傾向をもっている。

すなわち、きちょうめんで生まじめ、完全主義、融通がきかず、人と妥協ができず、適当にサボることなどとてもできない。物事に簡単に熱中して深入りする。つまり適度ということを知らない。ジョークがわからず、冗談が言えない。話が回りくどい。また趣味ももたず、仕事こそ生きがいと信じている。世にいうまじめな人である。

こういう人は頭の老化が進みやすく、ボケるのもはやい。

まじめな人ほど頭の老化がはやいのは、生活がワン・パターンになりがちで、緊張と弛緩のリズムがないせいだ。そのわけは頭脳も血管もそうだが、あるときは緊張し、あるときは弛緩し、リラックスする。このリズムがいい刺激となって若さを保ち、老化を抑制する。それにひきかえまじめな人は緊張また緊張の連続といった状態で、ちょうど、ゴムヒモをせいいっぱい引っぱったまま生きているようなものだ。これでは長持ちできるはずがない。

職業的にはなんといっても頭脳労働者にはやくボケがくることは否めない。頭を使う「超まじめ人間」のタイプである。それに動脈硬化、高血圧が加わるとさらによくない。その上なにもせずゴロゴロしている状態がプラスされるとさらに状況は悪化するのだ。

ボケるってどういうこと?

階段をあがって書斎に入る。はて、おれはなにをしにこの部屋に来たのかな、とじっと立ったまま考える。間もなく、ああ、あれを探しに来たのだな、と目的を思い出す。ホッとする。だが、また忘れてしまいスゴスゴともと来た道をとって返す、という事態になると、いよいよ老化が来たかな、とギョッとし、自分を情ない人間に思いプライドが傷ついて、自己卑下におちいる。

この程度ならまだよい。事態に対する認識、つまり病識がある。自分のことをわかっているからである。しかし、自分で自分の言動に対する認識がなくなると、これはいささか問題だ。

アメリカ精神医学会の出した精神障害診断マニュアル第三版ＤＳＭⅢによると、「認知症」とは①社会生活あるいは職業が困難になる程度の知的能力の低下②記憶障害③つぎのうちの少なくともひとつ。（イ）抽象思考の障害（ロ）判断障害（ハ）失語、失行、失認、構成障害など（ニ）性格変化（ホ）意識混濁など、とされている。

老人に出現する「認知症」は軽度の場合は、新しいことを忘れ、古い記憶は比較的よく保たれ、年月日は不正確だが、場所や人物はおおむねわかる。通常の日常会話はほぼ可能。興味の減退、注意力減退、複雑な家事や整理は不完全、といったような状況がみられる。

新しいことを忘れることを記銘力障害というが、要するに老人性記憶障害の中心は記銘力障害ということができる。三十分前にすんだ食事のことをケロリと忘れて、食事を再び要求するというがごとしである。

この記銘力障害に付随する精神症状は、つぎに書くようなものだが、これを多く出現する順序にならべてみる。

すなわち、夜間せん妄（夜間不穏、幻聴、幻視などの幻覚等）、人物誤認、幻覚妄想（とくに被害妄想）、うつ状態、徘徊、心気（とくに自分の体について必要以上に気にし、心配する）、不安焦燥、作話（結果的にウソをついたことになる）、攻撃行動、火をもてあそぶ、不潔行為、自殺企図などである。

ヨメが部屋に入ってくるたびになにかを盗んでいくなどとヨメを泥棒呼ばわりして、ヨメを泣かせている姑も少なくない。

歌人佐々木史子さんの歌——

人なべて盗人と決めし妄想を一途に抱きて母は生きつぐ

軽いボケは社会的出来事への関心の低下、中度のそれは慣れない環境において日時や場所をまちがえ、高度のボケは簡単な日常生活が困難、自分の名前も、自分の部屋も、トイレもわからないことになる。

酒飲みは老いやすい

老人性認知症はいかなる原因によって発症するのであろうか。

大きく分けてそれはふたつの原因に分類される。すなわち「アルツハイマー型認知症」と「脳血管性認知症」のふたつである。

本来「アルツハイマー病」は初老期に発生する進行性の認知症、七十五歳以後のいわゆる老年後期に初発する進行性の認知症を「老年認知症」と称していたが、最近は両者は同じ本態であると考えられてきたので、両者を合わせて「アルツハイマー型認知症」と呼ぶのが一般的となった。アルツハイマーとはドイツの学者の名である。

日本では「脳血管性認知症」六に対して「アルツハイマー型」四の割合で、脳血管性のほうが多かった。しかし、かつて死因のトップであった脳卒中が、がん、心臓病につづいて三位に落ちて、死因も欧米型に近づいてきた傾向からみると、やがては「アルツハイマー型」が「脳血管性」より優位に立つ時代が近く来るかも知れない。

簡単にいえば、「アルツハイマー型」は脳細胞の減少、「脳血管性」は脳動脈硬化などの血管系の障害に起こると考えていいだろう。

人間が地球を支配したのは、その優秀な脳細胞に因るところが大であろう。その大事な脳細胞が人間初老期に入ると、減少率が加速され、一日に十万個ぐらいずつ減少するといわれている。脳細胞は人間の知能の原点であるから、その減少により知能が少しずつ低下していくわけだ。

知能低下すなわち認知症が周囲の者に気づかれるのは一般的に七十歳の末ごろか、八十歳の初めごろに多いが、これは個人差が大いにあり、なかには五十歳代で認知症がはじまる人もある。

老化を推進する身体的要因としては、心臓病、糖尿病、高血圧、低血圧、肥満、大量飲酒、大量喫煙などが挙げられるから、人間中年になったら、この方面のチェックを怠ってはいけない。とくに大量飲酒は老化を大幅に推進させる。ふつうは一日十万個減少といわれるが、大量飲酒、アルコール依存症の場合は、一日二十万個ずつ減少するといわれる。

ちなみに大量飲酒者は、毎日、日本酒五合半以上、ビール六本以上、ダブルのウイスキーの水割り六杯以上を飲む人のことをいう。

また粘着性性格をもつまじめ人、無趣味の人、定年退職のあとなにもすることのない人、つまりストレスを受けやすい人、べつの面からみれば、脳細胞を使わない人が認知症におちいりやすいといえる。

一見正常に見える人でも

塩分の濃い食生活、トイレが別棟になっている家屋の構造（寒いときの温度の急変）、血圧を急激に高めるトイレの構造等々が高血圧から動脈硬化を多発させた。

その証拠に、全国的にたかまった減塩運動、家屋構造の改良、暖房の普及、生活水準の向上などにより脳卒中が減ったことでも、その因果関係がわかるだろう。「脳血管性認知症」はしたがって、高血圧、動脈硬化、脳卒中の既往症がある人に多くみられる。

この認知症の特徴は、つぎのようなものだ。

知能は全般的に低下せず、ある機能は比較的よく保たれていることが多い。これをマダラ認知症という。人格面の変化はそれほどはげしくはない。一見正常にみえるような対応を示すが、ややこみいった話になると、困惑するので知能の低下が気づかれる。感情失禁もこの型に多い。ちょっとした感動でも、すぐワッと泣きだすような状況だ。久しく会わなかった親しい人に会ったときに、ワッと泣き出したり、講談をきいたりすると「過度」の感動を示して、たちまち涙があふれ出るといった具合である。こういう状態を感情失禁というのである。

徘徊もむろんみられるが、アルツハイマー型よりも頻度も少なく、あまりはげしくない。散歩に行くと出かけ、ゆくえがわからなくなり、お巡りさんに連れられて帰ってくるなどという「事件」はアルツハイマーほど多くはない。また今日が何年何月何日なのかわからぬという時間的見当識障害、いま自分がどこにいるかわからないという場所的見当識障害もアルツハイマーほどつよくない。

またこういう特徴もある。それは「日内変動」という症状である。一日のうちでも、状況が変化することだ。朝、バカに機嫌が悪く、怒りっぽいと思ったら、昼食のころにはたいへん穏やかになり、ニコニコと笑顔をみせる。やれやれと思って家人がホッとしていると、夜に入るととたんに状況が変わり、今朝ほどと同じように機嫌悪く怒りっぽくなるという具合である。

気分が一日のうちでも変化しやすいのだ。これは動脈硬化により、血液の循環が、よくなったり、悪くなったりすることを考えると理解しやすいりくつである。しかし、すでに書いたように、食生活、生活水準の向上で血管系の疾病が減ってきたので、脳血管性認知症はこれから減少の方向へ進むだろう。

ボケやすい人の性格とは

何度もいうように、ボケやすい人、うつ状態になりやすい人はいる。つまりストレスをうまくかわし、避けることの下手な人だ。

粘着性、執着性といわれる性格だ。そうすると、その性格は諸悪のもとだと考える人も出てくるだろうが、そうではない。コレステロールも善玉と悪玉があるように、発明家、研究家、芸術家、学者などはこの性格がなければ成り立たない。

しかし、やはりその性格の持ち主であるまじめな人は頭の老化もはやく来やすいようだ。むろん例外はたくさんあるにしろ、だ。

それは生活がワン・パターンになりがちで、緊張と弛緩のリズムとバランスがうまくいかないからである。頭脳も血管も、あるときは緊張し、あるときはリラックスする。このリズムがよき刺激となって若さを保ち、老化を抑制するのだ。

ボケを抑えるには動脈硬化を予防し、脳細胞をよく活性化させることも必要だ。これにはいまのところ、特別な食餌療法とか特効薬があるわけではない。最高の薬は、たえず頭と体を使い、鍛えつづけることといっていいのである。

ある年齢になると人間やれやれどっこいしょと隠居をしたくなる。これがクセ者だ。

一日なにもせずゴロゴロしていれば、ボケが追いかけてくる。ある年齢になったら、これをゴールインと考えずにスタートと考えたほうがいい。さあ、これから、いままで忙しくてできなかったことをやるぞ、という積極性をもたなくてはいけない。そのために必要なのは好奇心だろう。

好奇心の旺盛な人の多くは趣味をたくさん持っている。趣味の多い人は当然活動的だ。また対人関係の多い社交的な人だろう。休みなくなにかをし、つぎつぎと新しい目標を求め、人とのふれあいを濃密にする人は血管を使い、脳細胞を使うからボケにくい。また老人の大敵は便秘だ。運動不足の人と食生活のまずい人に多くみられる。年をとるにしたがってできるだけ、緑黄色野菜、植物性繊維を多く食べることだ。しかしなんといっても、愉快でなごやかな、やわらかい心（マインドフルネス）をもつことがもっとも重要な要素であることは言うまでもない。

第 2 章

いら立ち、焦り、うつになる人！

五十代はなぜいら立つのか

五十五歳のビジネスマン。

粘着性、執着性のつよい性格の持ち主で、社内でもまじめな堅物で通っていた。じつによく仕事をし、作業もウチへもち帰ることが多いが、キチンと日程通りに仕上げる。したがって上司からは信頼されている。ただ、上司から敬遠される点は、話がくどく、まわりくどいことだ。忙しいとき、上司は彼との会話を避けたがる。これから出かけようというときに、ちょっと彼に声をかけたがさいご、こちらがいくら忙しいといっても話がえんえんとつづくので、上司はあとで「彼にはかなわんな」とつぶやくようになる。相手のことを考え、相手の欲求を理解できないようでは役付きにするわけにはいかないと上司はみな考える。

いくらいい仕事をしても彼はなかなか出世街道には乗れないでいる。後輩にどんどん追い越されるから、彼にとってもおもしろくない毎日である。しかし彼は自分の生き方を変えようとしない。いや変えられないのだ。つまり融通がきかず、人と妥協のできない彼の性格がわざわいしているのである。

彼は診察中もたえず貧乏ゆすりのように脚をがたがたとふるわせている。イライラして毎日が沈うつで、あらゆることが気になり、妻からみそ汁の具をなににしますかときかれても即答ができず、いつまでも、どうしようかなあ、なににしようかなあとなかなか決まらずに妻を悩ませる。イライラがつよい日は怒りやすくなり、妻を大声でどなりつけたり、家の中を、動物園のクマのように行ったり来たりしたり、頭髪をかきむしったりする。定年が近いのに、第二の就職先がなかなか決まらない。

いらだちと不安がつきまとう。現在、これからの仕事が決まらないのは、自分に才覚がないからだという罪業感をもち、時々死が頭の中をよぎる。

このように初老期うつ病の特徴は、つよいイラだちである。焦りであり、不安である。ついでだが、四十歳代のうつ状態は気力減退を中心とする「沈滞」状況である。また老年期の〝うつ〟は本来のうつ状態に心気症を伴うことが多いのである。心気というのは、自分のことを必要以上に心配することである。はっきり老年になると多かれ少なかれ、物忘れをはじめとする老化現象が加わってくるから、肝心のご本人は第三者が思うほど自分の現状を認識していないが、初老期のころは頭脳がまだはっきりしていて、自分の現状を認識しているからこれからへの不安もまたなまなましくも強烈なのである。初老期のいら立ち、焦りの状況も十分理解しうるところである。

老人はうつになりやすい

かつては人生の危機は青年期と初老期（更年期）に集約された。しかし現在は少年期、青年期、初老期、そして老年期の四つに危機がみられるようになった。老年期は人生の日没で、やがては太陽は山のかなたに没し、暗黒がやってくる。残照は間もなく消滅するという予感、寂蓼《せきりょう》、恐怖が心底にいすわっているために、心因がより増幅されるのである。老年期うつ病は本質的には青年期や更年期のうつ病と同じである。だが、そこには老人特有のさまざまの要素が彩りを加えている。

体に関して必要以上に気にする、つまり心気症状が若い人のうつ病と比べてはるかにつよくあらわれるのもそのひとつである。新聞の死亡記事がやたらに目につくようになる。次第に交友の環《わ》が小さくなり、ついには親しい人から年賀状も来なくなるという寂しさを味わう。

子供たちが独立し、家庭の中の地位や主導権が目にみえて落ちていく。なかにはそれに反発してやたらに威張りちらす人もいる。それが一層評判を落とすことになる。したがって焦燥感と不安感がつよく表出する。また、いまにも経済的に破綻するという貧困妄想も少なくない。

抑うつ状態におちいった七十歳のある大学の工学部教授は、学生からこのごろ、講義がちっともおもしろくなくなったといわれたのが直接の原因であるらしい。

そしていま、最大の心配は入試問題の作成ができないということである。締め切り日が刻々と迫ってくるのに作業が遅々としてはかどらない。たとえなんとか書き上げても、他の教授からバカにされる程度のものしかできないのではないかという自信喪失、自己卑下が先行する。どうしてこんなに自分はレベルダウンしてしまったのか、自分はなんというダメな人間なのかという自罰傾向、罪業感がひしひしと襲ってくる。試験という言葉を思い浮かべただけで、心悸亢進《しんきこうしん》、発汗、胸さわぎ、強烈な不安が発生し、救急車を呼びたくなる。夜中になると尿意頻数《にょういひんすう》がきて、ろくろく眠れない。何度もトイレに通う。しかし尿意はひんぱんにおこるが尿の量は少ない。はては自分は入院などしたくないのに、家人や周囲の者が強引に入院させようとひそかに画策しているという被害妄想が起こり、助けてくれと泣き叫ぶ始末である。

最初は来院を拒んで手こずらせたが、説得によりやがてきちんと来院するようになり、薬物療法と精神療法が功を奏し、初診後一か月半くらいでなんとか出勤できるようになった。

定年がうつを引きおこす

サラリーマンが定年退職で、自分の机の引き出しをひとつひとつ整理していくときなど、三十数年もの間、会社の中で果たしてきた自分の仕事が想起されて、言葉ではとても表現できない寂しさに襲われるのがふつうではあるまいか。

定年退職のあと一時、不眠に悩まされたという告白をきくことは少なくない。彼らに共通することは、たえず漠然とした不安に襲われるという点である。いわゆる「定年ショック」というやつだ。

ぜいたくさえ望まなければ、退職金と厚生年金とで食べていくのに不自由しないはずである。はたからみると、朝夕の通勤ラッシュから解放され、会社での複雑な人間関係からも解放されて、しかもあくせくと働く必要がないとなれば、こんなうらやましいことはないと思える。しかし本人たちの立場に立てば、どうやらその自由さに問題があるようだ。

一日、なにをしようと自由だ。自由ということは、なにをしなくてもいいということだ。人間ヒマすぎると、考えがあまりいい方向へ指向しないものである。会社を離れると、どうしても交際範囲が狭くなる。話らしい話をするのは老妻ひとりだけということになりかねない。精神衛生上、孤独はもっともよろしくない。定年ショックからイライラ、不安が高じて、ついにはうつ状態におちいるケースも多々ある。

定年を迎える年齢層にみられるうつ状態は「退行期うつ病」と呼ばれるものである。この時期は成人の三大死因であるがん年齢であり、心臓病年齢であり、脳卒中年齢である。そういう成人病にかかりやすい時期だから、当然それに対する不安や恐怖もからんでくる。

定年という誘発因子に導かれてうつ状態におちいった人は、いても立ってもいられないという焦燥感、不安、恐怖にかられ、ついには苦悶状態を呈するようになる。

この苦痛から逃れようとして自殺をはかるケースもある。

うつ状態は英語でもドイツ語でもDepressionという。この言葉には沈下、低下、凹みなどという意味がある。文字通り、すべてがダウンするのだ。

定年のころには精神も肉体もダウンする。記憶力も判断力もダウンする。「日没」の感じだ。さらにながい間の仕事が一段落してホッとする。「荷下ろし」からもうつが発生する。定年後なにもすることのない人が危ない。まじめな人で趣味のないコチコチ人間が危険度が高い。第一線を引退したとき、悪いことに妻に急死され、強度のうつとアルコール依存におちいった人を知っている。もっともわるい。

定年後の夫への妻の対処法

定年退職のあと、再就職したわけでもないのに、毎朝出勤していくという奇妙な人を知っている。退職して半年ほどたったころに彼の「出勤」がはじまった。

彼は日曜以外、毎朝決まった時間に起床し、食事をし、背広にネクタイをしめ、玄関で妻に見送られていそいそと出かけていくのだ。

それはサラリーマン現役時代の彼の生活パターンそのままである。しかし出勤するとはいえ、むろん彼の行くべき会社があるわけではない。近所の公園をゆっくり時間をかけて散歩する。買い物をしたり、時には映画をみたりする。ただそれだけである。

帰宅すると妻が「お帰りなさい」と玄関で出迎える。家にもどった彼は背広を脱ぎ、くつろぐ。それから本を読んだり、孫の子守をしたりして家庭での彼の一日がはじまる。

なぜこのように、毎朝のセレモニーを行うようになったのか。きくところによると、発案者は彼ではなく、妻であったようだ。

定年退職した彼もご多分にもれず、定年ショックに襲われた。退職して半年の間、彼は絶えず、漠然とした不安感に悩まされ、夜中にハッと目覚めて、そのあと朝まで眠れなかったり、また寝つきの悪い日もしばしばあった。

長年の習慣であった「家を出る」ことがなくなり、内と外のけじめを見失ったせいではないか、と妻が気づいた。かくして退職半年後に、妻の提案で、彼の模擬試験ならぬ模擬出勤がはじまったわけである。

夫が定年ショックに直面したとき、妻はどう対処すべきか。妻の何気ないひと言が、夫の定年ショックに拍車をかけ、ひいてはうつを招くことになりかねない。

妻はこのことを肝に銘じておく必要があろう。

いま再就職の口がなかなかみつからないで焦燥感にかられている人もいる。定年後の再就職は事情が異なることを深く認識せず、かたくなに自分の価値感と基準を押し通し、就職の口を選り好みする。その半面、なかなか自分の好みの口がみつからぬことに焦り、不満をもち、人目を気にしながら煩悶する。そして劣等感がつよくなる。

こんなとき妻はそっとしてやるべきだ。間違っても「わがままばかりいって」などと非難めいた言葉を吐いてはいけない。まじめな夫を窮地に追いこむばかりだ。

ここはあたたかく、いたわりの言葉が必要だろう。焦らずに見守っているうちに夫は必ずや新しい仕事に意欲を向けはじめるにちがいない。

定年後、何をやればいい？

定年は有無をいわさず必ずやってくるものだ。しかし、そうとは知っていても、忙しく働いている間にはなかなか実感がわかないものだ。

私も数年前に大学の教師を定年で辞めたときに、心にある種の抵抗感と寂しさと、そしていわば「あわてふためく」ような心境になったことを思い出す。

現役のサラリーマン、とくにまじめな人は仕事に「生きがい」を感じ、懸命に働く。働くことに「生きがい」をもっている。毎日毎日が仕事で充実しているから、仕事以外の事柄には目が向かない。いや目を向ける余裕がないといったほうがいいかも知れない。

そして、その「生きがい」に満足している。ところが、ある日、仕事から身を引く日がやってくる。本人が「いやだ」といっても、それはいや応なしに運命としてやってくる。仕事という「生きがい」を喪失すれば、あとに残るのは索漠としたながい時間ばかりだ。むかしは定年後の余生があまりながくなかったが、いまは二十年にも三十年にもなった。毎日が日曜日、これほどつらいことはない。老人の自殺が増えているが、その理由の中に「人生に退屈した」というのが少なくない。定年後、新たな「生きがい」をもてない人びとが中心である。

だが、そうでない方向をみつけ、老後をたのしく暮らしている人もたくさんいる。

Aさんは国際貿易を主とする商事会社につとめ、ながい間、世界各国に出張滞在する生活が多かった。「グルメ」だったAさんは世界各国の食事に親しみ、機会あるごとに、その国の特有の食器などを買いあつめていた。

Aさんにもご多分にもれず部長をさいごに退職する日が来た。なにかやらねばと思っていたが、具体的なビジョンはまったくなかった。

ある日奥さんが、あなたは食べることが好きで、食器もたくさんあるし、幸い親ゆずりの比較的大きな家もあるし、料亭をはじめたらどおといい出した。Aさんはたちまちそれに乗った。

退職金をつぎこんで家を若干手直しして、世界料理の家として開業した。いまとちがって、まだ各国の料理が珍しい時代だったからこれは当たった。オードブルがエジプト料理で、スコットランドがキッパーズ（ニシン）、イングランドがローストビーフ、フランスがフォアグラ、しめが日本の清盛茶漬けといった具合。ハムもパンも自家製。

店は体が丈夫な限りつづけます、お客さんとたのしくおしゃべりできることも、メニューを考えることも老化防止に大いに役立っています、とAさんは目を輝かしていった。

〝うつ〟から脱出する方法

うつ的になると朝から晩まで、仕事やいやなことが頭から離れないものである。もうダメだ、一生この状態から抜け出せないという思いで頭がいっぱいになっている。

ところで、私には一日のほんのわずかな時間、頭を空っぽにする習慣がある。ど

んなに疲れていても、床に就くのが午前一時、二時という深夜であっても、寝る前に必ず好きな飛行機の本を読む。趣味の本に夢中になっていると、ウサはいつの間にかどこかへ消え去っている。寝つきの悪いときは、自ら操縦桿《そうじゅうかん》を握り、急降下、急上昇、アクロバット飛行を試みる。銀座通りや、新宿の副都心の超高層ビルの間を縦横に、スロットルをフルパワーにして飛びまわる。オフィスのビルからたくさんの美女がこちらをうっとりした目で眺めている。サイトーさんてなんてすばらしいんでしょ、男のなかの男ね、などと話し合っている。

そんな「妄想」にどっぷりひたっているうちに、あら不思議や、いつの間にか私は夢路をたどっている。

趣味は音楽、絵画、陶芸、なんでもよい。書道、生け花、料理、あるいはスポーツに熱中するのもいい。ただしひとりでたのしめるもののほうがいい。他人といっしょの場合はどうしても競争となり、他人のレベルに比べての劣等感が起こり、心が落ちこむことになる。集団スポーツは健康状態のきわめていいときにやったほうがいいようだ。

ただし、いい意味のライバルをもつことはエネルギーの源泉となる。趣味とはべつに日記や文章を書くこともいい。だれにもみられないものだから、思いきって「過激」なことを書くのも悪くない。心の不満、憤怒、憎悪、欲求、なんでも文章にするがよい。

心の中にためておくよりはるかにいい。それによって心は救われる。

父茂吉は典型的な粘着、執着気質の持ち主で、〝うつ〟になりやすい性格を備えていた。大正十三年に火災で全焼した病院を再建するため、当時の院長であった祖父の紀一に代わって全国を金策にかけまわったときや、昭和二年に祖父のあとをついで院長に就任し、過労や苦悩で、連夜睡眠剤の助けを借りなくては眠れなかった時期にも、本人のいう神経衰弱ではあっても、真の〝うつ〟ではなかった。

そのころの茂吉の日記には「物モ書ケズ」とあるが、実際にはかなり旺盛な文学活動、執筆活動を行っている。この「書く」という行為が茂吉の〝うつ〟への傾斜

を食いとめたのだと私は思う。

院長に就任して病院の仕事に努力しても世人は茂吉を歌人としかみてくれない。茂吉はこんな歌を詠んだ。一見ユーモラスにみえるが、茂吉としてはまじめな気持ちで詠んだのだろう。

茂吉われ院長となりいそしむを世のもろびとよ知りて下されよ

第３章

病気にならない方法！

車の運転には気をつける

高齢化がいまや世界一となったわが国では高齢ドライバーの増加は目覚ましい。六十五歳以上のドライバーの、六十五歳以上の人口に対する比率は昭和四十九年には四・九パーセントだったのが、昭和五十九年には一二・三パーセントという激増ぶりだ（編注　平成二十八年には二一・五パーセント※警察庁「運転免許統計」より）。

私が運転免許をとったのは昭和十一年だから、かなりはやいほうだと思う。戦中、戦後しばらくは車どころではなかったが、運転再開は昭和二十八年だった。しかし年をとるにしたがい、運転率は減り、自ら運転するのは現在はせいぜい週に一回、二週間に一回だ。それも仕事ではなく、運転能力を維持するためだ。仕事はもっぱら運転手任せである。

私もメンバーである国際交通安全学会では「高齢ドライバーの交通環境に関する調査研究」をつづけているが、学会の提言はつぎのようなことだ。

加齢によって人間は生理機能が低下する。視覚、聴覚、運動機能においてしかりである。なかでも目立つのは視覚特性で、高齢者事故ほど視覚への配慮の不足、例えば適正な眼鏡を使用していない傾向がつよい。また自己の能力に対して自信過剰の傾向がみられる。また視覚機能の低下はとくに夜間において著しい。

したがって私自身も夜の運転はなるべくひかえるように配慮している。また高齢ドライバーにプライドが高く、相手がここで止まってくれるという思い上がった期待過剰をする人も少なくない。それが、リスク・テーキングすなわち自ら危機を招くことになりかねないことになる。前方に人間がいる。ハッとしてブレーキをかけ、ハンドルをきるまでの時間が若いころよりも延長する。つまり反射能力の減退である。また歩行者のほうも、ここで歩行を止めようとしても、足の筋肉が弱っているから、トントンと何歩か出てしまう。パーキンソン病の傾向のある人はなおさらである。

高齢ドライバーは、自分で自分の能力を認識し、ある時点になったら免許証を返上することだと思う。それはスポーツと同じく、自分の現状に見合った範囲内でや

るべきであろう。

車を更新するとき、できれば同じ会社の製品を買うほうがいい。システムになれているからである。

がんを予防する12のポイント

がんは死因のトップに位する成人病である。がん学者は懸命の努力をつづけているが、いまだがんの正体はつかみきれていない。そのためがんを完全に予防する食餌療法はないが、国立がんセンター研究所の杉村隆博士が提唱した「がん予防法」のポイントを紹介しておく。これは他の成人病にも役立つから参考にしてほしい。

●偏食をしない。

●同じ食品をくりかえし食べない。

●腹八分目に。動物に発がん物質を与えた場合、エサをたくさんやると発がん頻度が二倍に上がる。

●深酒はやめる。アルコールとがんの相関関係ははっきりしないが、アルコール依存症にがんが多くみられることはたしかである。
●たばこはやめる。例外はあるけれども統計的に肺がんの多いことははっきりしている。動物の皮膚にたばこタールをくりかえし塗ると皮膚がんが発生する。
●適量の各種ビタミンを含んだ食品をとる。食物繊維はとくに大腸がんの発生を予防する。
●塩分を過度にとらない。塩分の過食は胃がん発生との関連があると同時に高血圧、動脈硬化の原因となる。
●あまり熱いものは食べない。奈良県・和歌山県などでは熱い茶ガユを食べる習慣があるが、食道がんの発生率が高い。ネコ舌の人はむしろ安全である。
またあまり焦げたものもよくない。魚や肉の「焦げ」が発がん物質であることは証明されている。サンマやサケの焦げたのはまことにおいしいが、食べすぎないことが安全の道につながる。またでんぷんや砂糖などの焦げにも変異原性物質がある。

●食品のカビにも気をつけたい。ピーナッツなどにできるアフラトキシンというカビ毒は少量でもがんを誘発する。私の少年時代、祖母のところに遊びにいくとお菓子や、健胃錠などをくれたが、たいていそれはカビが生えていた。私も祖母の年になったが、孫にはカビの生えた物はやらないよう心掛ける。

●日光で肌をやくことは一種のファッションのようだが、紫外線を長時間浴びると細胞の遺伝子が障害を受ける。

●過労は眠っているがん細胞を目覚めさせることもあろう。

●体を清潔に保つ。子宮頸《しきゅうけい》がんや陰茎がんはシャワーや入浴の設備のない場所に多発する。

要するに、日常生活に「過度」「極端」といった行動を導入せず、ほどほどにバランスのとれた生活をすることが重要なのだ。

酒とたばこはがん要因

アルコールの薬理作用は「精神の抑制の稀薄化」である。

われわれは社会生活を維持するために、秩序や良識や道徳や法律を守らなければならない。また相手の気持ちを考慮したり、相手の意見に耳を傾けなければならず、無意識のうちにも自分の心に抑制を、つまりブレーキをかけながら生きている。アルコールはこのように毎日心を抑圧されている人間の精神を解放してくれる。これがアルコールの最大の魅力で、人類がながらく、いやこれからもながくアルコールと付き合っていくゆえんであろう。またアルコールは人間だれしももっている劣等感も解消してくれる。劣等感がなくなると、自信がわきおこり、気分が高揚し、すべてが美化される。人間はこのひとときの天国を求めて盃を重ねるのだ。

このように酒も適正に飲めば「百薬の長」である。しかし酒におぼれて自らを失えば、吉田兼好のいう「百薬の長とはいえど、よろずの病は酒よりこそ起これ」の代物と化してしまうのだ。

ところで、ここでたばこに登場してもらうが、私がすっぱりたばこをやめてから、もうかれこれ三十年の余になる。やはり厄年に過労で倒れた。主治医から酒かたばこかどちらかやめたらと忠告された。私はひと晩考えた揚げ句、たばこをやめた。酒の効用のほうがたばこの効用よりはるかに高いと判断したからだ。この決断はいまにしてみると正しかったと思う。

たばことがんとは密接な関連があり、喫煙量と肺がん、喉頭がんの発生は正比例し、さらに酒を飲みながらたばこを吸った場合、口腔・咽頭・食道・肝臓がんや肝硬変にかかりやすいというデータがある。つまり、たばこの中の発がん物質が、アルコールの働きで、さらに毒性のつよい物質に変わるからである。

酒には酒友という言葉があるように、人間同士のコミュニケーションをよくする。だが、たばこはいくらふかしてもたばこ友だちとはいわないだろう。それは個人的嗜好品でしかないからだ。

またたばこは酒の味をまずくする。味だけでなく、酒の香りもダメにする。利き酒の会場で喫煙を禁じられているのも納得できるだろう。またふだんたばこを吸わない人もバーではたばこに手を出すことがある。かくいう私もそうだ。禁煙中の人が再び吸いはじめるのも酒場での一本が多い。精神的抑制が薄れるからだ。抑制がとれるから、たばこの本数もまた増える。

酒の香りをたのしむためにもまずたばこを慎むべきだ。

肥満を防ぐ方法

老化を推進する身体的要因についてはすでに述べた。

「おじいちゃんのお口臭ーい」というテレビ・コマーシャルがあった。それは歯が主役で、歯の洗浄剤のコマーシャルだが、むろん歯や、歯ぐきに問題があることもあるが、胃腸に問題があることもあるから油断がならない。口臭はたんに口臭に終わらず、口以外に故障があることもあるということを忘れてはいけない。

肥満も避けたほうが安全なひとつの要素だ。人間は年をとるにつれて基礎代謝が減少する。必要なエネルギーが少なくてすむようになる。そのため、若いころと同じカロリーの食事をとっていると、当然肥満を招くことになる。余分なカロリーは皮下脂肪となって体に蓄積し、心臓に負担をかけ、内臓や動脈壁などに沈着して機能を妨げる。つまり肥満は高血圧、動脈硬化を促進し、糖尿病や痛風の誘因ともなるのだ。

肥満を防ぐにはまずバランスのとれた食生活を心がけることだ。

減量といっても、ただやせさえすればいいというものではない。栄養のバランスを無視した減量はかえって健康を損なうことになる。健康的な減量食はカロリー、動物性脂肪、糖分を抑えて、タンパク質やビタミン、ミネラルを豊富に含んだ食品をとることである。動物性タンパク質食品は若いころは必要だが、年をとるにしたがって植物性タンパク質食品に重点をおき、動物性と植物性の割合をおおむね一対三くらいにするのが望ましい。植物性にはコレステロールを抑えるレシチンを含んでいるものが多いからである。とくに大豆は低カロリーで、豆腐、納豆、みそ等に加工すると消化吸収にもすぐれ、理想的な年寄り向きの食品といえる。さらに緑黄色野菜をできるだけとるようにしたい。食物繊維を十分にとることは老人に多い訴えである便秘を防ぎ、したがって腸内ポリープの発生も予防する効果がある。

減量もたのしくなければ長続きしない。低カロリーの副食を工夫して、バラエティーにとんだ献立にしたいものだ。例えば海藻類やキノコ類、コンニャクなどのローカロリー食品をフルに活用して「コンニャクの木の芽あえ」「コブとシイタケの煮物」「キノコ蒸し」などといった料理がいい。しかしコンニャクがいいからとコンニャクばかり食べていては栄養のバランスがくずれて、健康を損なうことになるのは故大宅壮一さんの例でも明らかである。

相撲とりにとって太ることは仕事のひとつといえるが、われわれにとってそれは歓迎すべきことではない。大量飲酒が「肥満の呼び水」となることも忘れてはならない。

してはいけない減量法

先年船旅（クルージング）の雑誌から原稿を頼まれて、当時日本最大の客船だった「ふじ丸」でシンガポールまで行った。船旅の最大のたのしみは食事である。

ご承知のように船では一日に七回もの食事がでる。これは世界のどの客船も同じである。朝六時ごろからのアーリーバード、朝食、十時ごろのモーニングブレイク、昼食、三時ごろのアフタヌーンティー、夕食、ナイトスナックというわけだ。

食費は運賃に含まれているので食べないと損をするからとたくさん食べる。しかるに不思議なことに、太ると思いきや、ベルトレスのスポーツズボンがずり落ちはじめたのだ。なるほどジョギング甲板もあるし、毎日エアロビクスやはげしいアフリカンダンスの講習も開かれる。フィットネスセンターもある。恐らく世界でこの船と姉妹船「にっぽん丸」にしかないであろう、大海原をみながら入れる大浴場にはサウナもついている。しかし、この大きな船でも揺れる。廊下を歩くにも船室内でも、知らず知らずに足をふんばり、調子をとって歩いている。多分、これが無意識下の運動になっているのだと思った。前にクイーン・エリザベスでカリブ海クルーズをしたときもまったく太らなかった。要するにいくら食べても、それをオーバーするだけの運動をすればいいわけだ。人間、年をとるにつれて基礎代謝が減少する。つまり必要なエネルギーが少なくてすむようになる。中年以降も若いころと同じカロリーをとっていると当然肥満を招くことになる。

食べすぎ、飲みすぎによる余分なカロリーは皮下脂肪になって蓄積し、心臓に負担をかけ、内臓や動脈壁などに沈着する。肥満は高血圧、動脈硬化を促進し、糖尿病の誘因となり、はては痛風もひきおこす。

適正体重はいろいろの計算方法があるが、一応は身長から一〇〇を引いた数値前後を目安にすればいい。かくいう私も適正体重を大幅にオーバーしている。いままで何度も減量作戦を展開してきたが、いつのまにやら気力がうすれ、再び過大体重となる。このくりかえしだ。人間とはなんと意志の弱い生物だろうか。

減量といってもやみくもにバランスを無視したやり方をすれば健康を損なう。年齢に比例して次第に植物性食品を増やしたい。老人につきものの便秘を防ぐには植物性繊維をたくさんとることだ。

過大な脂肪、糖分、運動不足が三大諸悪の根源なのだ。マメを食べるとマメマメしく生きられるとはジョークではなくて本当のことだ。私が酒の肴に大豆製品を推奨しているゆえんである。

脳卒中には気をつける

もう亡くなったが、父の医学部の同級生、内科の佐々廉平《れんぺい》先生は人の顔さえみれば「シビンのすすめ」をおっしゃっていた。

先生は動脈硬化、高血圧、脳卒中等の分野の専門家だが、当時日本人の死因のトップが脳卒中であることを心配されての発言だった。

かつてわが国の農家の多くはトイレは主家から離れたところにあった。寒い夜、あたたかい布団から出て、いきなり外気の寒さにさらされてはいくら丈夫な血管でもたまったものではない。脳卒中が圧倒的に一月、二月、三月に起こっているのは寒さ、とくに急激な寒さによって血管が破れるからだ。とくに血圧の高い人においてしかりである。

私も経験があるが、兵営もそうであった。尿意をもよおすと、いちいち軍服を着て、兵舎の外部にある便所（陸軍では厠《かわや》といった）に通ったものだ。

そういうわけで佐々先生は布団から抜け出さないでシビンを愛用すれば脳卒中は多く防げると考えたのである。ところで私の父であるが、死ぬまでバケツを愛用していた。枕もとにいつもバケツが置いてあった。ときどき、そのバケツにいかにもうれしそうにコールタールを塗っていた。そして、そのバケツを「極楽」と称した。

生来小水の極めて近かった父にとっていちいちトイレに行かずにすむそのバケツこそまさに「極楽」だったのだろう。

戦争末期、戦後にかけて東北に疎開していたときは、人さまから恵まれたナスやトマトをその「極楽」に入れていたそうである。

昭和二十二年秋に、やっとささやかな家を手に入れ、父を東京によびもどした。私は上野駅に父を迎えた。超満員の列車から地元の歌人に付き添われてホームに降りたった父の手には「極楽」がしっかりと握られていた。

私は父よりもはるかに合理的である。私はまだ中学生のころから、本来のものぐさも手伝ってか、シビンを愛用していた。そして朝には庭の木にたっぷりとその「肥料」をやっていたからいよいよ合理的である。そしてあまり根元に「肥料」をやると木が枯れるという原理も勉強できた。何事も要は訓練である。私は完全に身をおこすことなく横たわったまま排尿することができる。したがって夜、トイレ通いで寒い思いをした覚えがない。日本旅館などで寝室は暖房であたたかいのにトイレは寒いという思いやりのない設計が多いのには閉口する。塩分を減らし、急激な寒さを防げばいま死因第三位の脳卒中はさらに減るであろう。どうぞみなさんもシビンを。

第 4 章

老いて後悔しない！

整理はその日のうちに

私は多くの方がたから寄贈本をちょうだいする。いつの間にやら、いろいろの方から「あなたからの礼状がまっさきに来る」といわれるようになった。

それはどうやら少年時代から父の行動をみていたからかも知れない。父は私にあしろこうしろとはあまりいわなかった。父は朝食が終わると、書生が用意したはがきに毛筆でたちまち十枚ぐらいを書いた。大きな文字で、簡潔に用件のみ書いた。「拝啓。何々をご恵与賜はり厚く感謝申し上げ候」程度の短い文章だが、礼状や連絡事項は直ちにその場で書いた。私はしょっちゅうそれをみていたから、自ずとそういったやり方が感染したのかも知れない。

むろん封書を必要とするちゃんとした手紙はあとで書斎で書いたと思うが、ビジネスライクな返書は極めてはやく書いた。

ただ父は「文字は威張った字を書け」とは時々いったから、私も父に似てどっしりと重心の低い文字を書くようになった。

私は郵便物の整理に二時間くらいかかることはしばしばあるが、夜どんなに遅くなってもその晩のうちに片付けないと気がすまない。翌日にもち越すと、つい面倒くさくなって失敗することがあるから、たとえ睡眠時間が短縮されても、その夜のうちに片付ける。この点はひょっとすると父の遺伝であるかも知れない。

福岡で講演を頼まれる。翌日は沖縄で会議がある。まずふつうの人なら福岡から沖縄へ直行するだろう。だが、不思議なことに私はいったん東京へ戻り、あらためて沖縄へ向かう。われながらあきれるが、そういう行動をとることが多い。断っておくが、女房の顔をみるために帰るのではない。事務的な仕事を片付けるために帰ってくるようだ。

海外から帰国するときも、日本が近づくと私はいよいよ憂うつになる。原稿の催促が待ちかまえているというより、事務的な仕事が山積していることが予測されるという憂うつなのだ。以前は留守中の新聞に一応目を通したが、さすがに近ごろはそれはあきらめて新聞はみないことにした。そこまでやってはとても体がもたないと悟ったからだ。また私が人さまからメモ魔と呼ばれているのも父の影響が大いにありそうだ。

おかげさまで私の血液の中には父の完全主義と、それとは「水と油」の母の妥協性が混じっているようだから、まだ重症のうつ（軽いのはしばしばある）にはならないですんでいるようだ。

暁の薄明に死をおもふことあり除外例なき死といへるもの

という父の晩年の歌に、「除外例なき死」とはっきり死を示してくれたこともありがたいことだ。

父がうつにならなかった秘密

父茂吉は昭和二十八年に七十歳で死んだが、まだ若いころから、さかんに「老いた」ということをいっている。また「あはれあはれ」といういいまわしは歌の中にさかんに使われている。

この「過敏性」は父の特徴のひとつであると申していい。私の調べた父の性格特性は粘着性、執着性、神経質で代表されると思う。

その文字をみてもわかるように、じつに几帳面で完全主義であった。何事にも全力を投入した。食事も「全力」で噛んだから、家族も同じ米の飯を食べているのに、父だけがガリッと石を噛んで烈火のごとく怒った。癇癪《かんしゃく》持ちもまた父の特性のひとつであった。

何事も一生懸命にやったから、当然のことながら心身ともに疲れていたことはいうまでもない。自宅の書斎のすぐ横には鉄製のベッドがおいてあり、山小屋でも勉強部屋は万年床であった。

勉強につかれるとすぐごろりと床に横たわった。ガマンならないくらいの眠けに襲われる、などという文句が日記の中に散見する。歌は音痴で、高等学校時代にも寮歌ひとつ満足に歌えなかった。

少年時代から浅草に育ったから、浅草六区の娯楽街の大衆的な小劇場、映画館などによく足を踏み入れた。私は小学生のころ父に連れられて浅草の小屋に入ったら、どういういきさつか父が舞台の八木節の連中と口喧嘩をして、恥ずかしい思いをした記憶がある。また新宿のムーランルージュにもよく通った。私もムーランルージュはよく観たが幸か不幸か、父と鉢合わせしたことはない。

こういう大衆娯楽や映画見物も父の趣味といってはどうもピンと来ない。趣味というよりむしろ「取材」といったほうが当てはまるかも知れない。

要するに、父にとって真の意味の趣味といったものはなく、文学は父の骨肉的全霊そのものであったと思われる。

性格は粘着執着的、趣味はなく仕事一筋、しかも一生のうちで数回精神的危機に襲われているから、どう考えてみても、父が心因性うつ状態におちいらないはずはないと思われるのに、事実はしからず。大正十三年の病院の全焼のときも、また敗戦と自宅、病院の焼失による大きなショックのあとも、はっきりうつ的になったという様子はみられなかった。

その秘密はどうやら悲嘆のさいに余計文学的仕事に打ち込んだことにあると思うのだ。

昭和二十八年という時期に、なんとか七十歳まで生きたことがそれを物語っている。

老人の特権とは

亡くなられた作家の森敦《あつし》氏とは時々お目にかかった。気の合った者同士が、ふらっとやって来て、ふらっと帰っていく、そんな会合においてだ。飲みものも、つまみも各自が持ち寄って、すべてセルフサービスで勝手に飲み、食べ、勝手にしゃべって、いつの間にか消えていく。

森さんは私より五年年上の兄貴だが、じつに瓢々《ひょうひょう》とした方で、その訥々《とつとつ》とした語りの中に、私は森さんの人生哲学をいろいろの角度から教えられた。

森さんはあらわれては消え、消えてはまたあらわれるという奇妙な作家生活を送って来た。

十九歳で「毎日新聞」に『酩酊船』を連載、太宰治、壇一雄らと「青い花」を創刊したが、それから各地を放浪。そして名作『月山』で芥川賞を受賞したのはなんと六十歳になってからだった。

それからの森さんは氏の言葉をかりれば「マスコミの真っただ中に入ってしまった」のである。ラジオ、テレビの教養番組、宗教番組、芸能娯楽番組などの出演は無数で、ちょっとチャンネルをひねればたいてい森さんの顔があらわれるというありさまだった。

そのころ「ドキュメント女ののど自慢」という森さんの好きな番組があった。あるとき、歌の下手なおばあさんに選者は九十点をつけた。賞品をもらってよろこんで帰っていくおばあさんをみて、森さんは身につまされる思いをした。せっかく出て来たんだから九十点入れてやれと選者はいたわったつもりなんだろうが、僕もいつかああいう扱いをされるんだろうなと森さんは愕然としてしまった。

それから森さんはきっぱりとテレビ出演をやめてしまった。そして、朝の六時から夜の十一時まで原稿を書いていた。いまほど充実しているときはないと森さんはいっていた。華厳経の中の「現在の一瞬の中に現在、過去、未来がある」という言葉に感じて、瞬時を大切にしていたのだ。一瞬、一瞬を大事にして柄に合ったことに全力を尽くすという。論語に「逝く者はかくのごときか、昼夜を舍《お》かず」という言葉があるように人間は死ぬべきもの。なるがままに、流れるままに年をとればよい。

いかなる老人も、若い者よりははるかに豊富な体験をもっている。この体験こそ、老人の特権といっていいだろう。それを自分の柄にあった次元でどう生かしていくか、それが快老のポイントだと森さんはいっていた。宮本武蔵の『五輪書』にうたわれている「われ、事において後悔せず」のごとく、全力を尽くしてやったあと、くよくよ思い煩らうことをするな、と森さんの生きざまは語っているようだ。

酔狂をやってみる

箱根の山小屋は私が小学一年生のころ、祖父がつくったもの。父の代になって、もっぱら父の夏の勉強部屋として使われた。

敗戦後、多くの別荘が人手に渡り、あるいは会社の寮などに変身したが、私はなんとかそれを維持することができた。自宅も病院も空襲で全焼してしまい、それこそ別荘どころではなかったが、父の仕事場を手離すわけにはいかないという責任感とプライドが私の心中に居すわっていた。生まれたばかりの長男を家内がおんぶし、私がオムツや燃料を入れたリュックを背負ってヒマをみて山へ通った。雨は漏り、畳からキノコが生えている始末で私は屋根職人、大工、植木屋までやった。箱根の登記所へ東京から一日二往復したこともある。昭和二十八年に父が死ぬと同時にこの山小屋もついに生命が尽き、私は改築に踏み切ることを余儀なくされた。

そんなわけで箱根は私にとって七十数年ほどのつきあいの山である。したがってほとんどの山、ほとんどの山道は歩き尽くしたが、医学生のはしくれになったころ私は地図から山道の現在地の高度を割り出し、その場での脈拍を計って記録した。

そんなことをしても学問的になんの役にも立たないことはわかっていたが、医学的になにかをしてみなければ気がすまなかったのだ。間もなく私は診療や山岳医学の研究をする山岳部に入り、毎夏を北アルプスの山上で暮らすようになった。

そして、登山者の医学的統計や血液の変化や、高学年になると耳鼻科的研究や、はては高山の精神作業能力、アルコールの影響などを調べ、論文を書いた。むろん学生のレベルの幼い、あとから考えると恥ずかしい研究であったけれど、戦争がはげしくなって物資不足の中でせいいっぱい努力したつもりであった。

後年、学位論文を書いたときも、そんなものは副論文としてもなんの価値もないものだったから私はおもてに出すことはしなかった。

ところがその後、早大文学部の講師の話があり、全論文を提出するようにいわれたから、私は学生時代のその稚拙な論文も含めて出した。おどろいたことに、私を推薦した教授からきいたところによると、教授会でもっとも評価されたのは、私のその稚拙な論文だったそうである。

たとえ酔狂といわれても、なんでもやってみることだ、人に笑われようと。そんなことを私は学んだかも知れない。

そんなことをやってもなんの役にも立たないや、などとは高齢といわれる年になったら、絶対にいうまいとあらためて思っている。

第 5 章

老いの健康法！

老後の準備ははやくから

定年後、店をはじめたり、なにか商売に手を出したりするのも結構だが、それには経済的にも事務的にもたいへんな苦労が伴う。それほどの辛い思いもせず、もっと身近なところで生きがいを見出したいという人もいるだろう。

趣味をもつことはその最たるものだろう。生活に少しでもゆとりをもつために再就職した人でもむろん、趣味がないより、あったほうがいいに決まっている。

パチンコや昨今はやりのカラオケなども趣味にはちがいないが、老後の趣味としてはもっと奥深いもの、精神的に満足できるもののほうが望ましい。できれば真のたのしさを知るまでに、比較的ながい時間がかかるような趣味なら申し分ない。いや、若いころの趣味が死ぬまで持続するならそれがもっともよい。

仕事を生きがいにするビジネスマンは、定年ショックにおちいらぬためにも定年になる前からなにかひとつくらいは趣味をもったほうがいい。

金銭的な手当てもむろん必要だが、老後の生きがいという「心の貯蓄」も忘れないでほしいものだ。

その趣味は可能ならば、三十五歳か四十歳くらいには「確立」することがベストだ。老化のきざしが、つまり脳細胞の減少や動脈硬化がはじまるのがそのころからだからである。

厚生省（現在の厚生労働省。二〇〇一年～）が老化対策、老化施設をそのころに最初の目標におくべきだ、と発表したのもそういう理由からであろう。

私は青山墓地のすぐそばで生まれ育ったから墓地にはいろいろの意味で愛着がある。青山墓地をテーマにした少々ながい随筆を書いたとき、ヒマをみては墓地内を歩き、メモをとって歩いた。ああの人はここに埋まっている、おやこの人はここに墓があるぞ、明治の元勲の墓はバカでかいなあ、大正、昭和となると墓はだんだん小さくなるなあ。いろいろとおもしろい発見があったし、わが国の近代史をみる思いがした。ウチの両親の墓のすぐ近くには忠大ハチ公もいるし、思いのほか小さい先代中村吉右衛門も鎮まっている。かつての慶応の名ピッチャー宮武三郎の墓も

みつけた。

私はつい先ごろから私の病院のとなりの新居に移った。すぐとなりは多摩墓地だ。青山より遙かに広大な多摩墓地の探索はこれからのたのしみだ。家内の両親の墓のならびには菊池寛先生の墓もある。

私はまず墓地に植えられた樹木の統計的視察をやろう。また墓石の種類も分類してみよう。そのためには植物図鑑や石の本も読まねばならぬ。つぎつぎと「欲望」が浮かんでくる。ああ忙しい。

食べ物は比較する

ゆたかな趣味とあくなき好奇心があればその人の晩年は盤石《ばんじゃく》だ。まことに第三者からみればつまらなく、一文にもならぬことでもご本人がよろこんでいればそれで十分なのである。

先ごろスコットランドに行った。エディンバラからスタートして、インバーネス

（むかし多くの男性が「インバーネス」を着ていたから、ある年の者にとってはなつかしい名だ。しかしいまの若者にはネス湖のネッシーのほうが親近感があろう）や、アバディーンもまわった。

スコットランドといえばのどから入るものというと魚とスコッチウイスキーというのがおおかたのイメージだろう。

その旅はスコットランド観光局の招待だったから、ホテル以外に、いわゆる「ハウス」、例えばインバーネス郊外のカローデン・ハウスといったむかしの貴族の館にも泊めてもらった。

スコットランド人のもっとも愛好する朝食はキッパーズ（ニシンの燻製）である。

私は朝食に必ずそれを注文した。ただ一回か二回キッパーズを食べて、うまいとかまずいとかいっては正確を欠く。事実、同じキッパーズでも、宿やレストランによって微妙に味がちがった。少々塩からすぎるとか、これは少しうす味すぎるとか、大げさにいえばそれぞれ味がちがっていた。そういうもろもろの味を比較検討して、うまいとかまずいとかの結論を出さねばならない。たとえひとがうまいといっても、それはその人がうまいと感じるのであって、味は個人差があるから他人に押しつけてはいけない。だが私はやはりキッパーズはうまいと思った。

ソバでもラーメンでも大福でも、いろいろと食べて比較検討をするのも、ただ漫然と食べるのよりもはるかにおもしろいはずだ。

私は飛行機に乗ると必ずブラディマリーを注文する。ご承知のように、ウォッカをトマトジュースでうすめたものだ。それに塩、タバスコを入れる。さらに本格的にするにはウスターソースをたらす。さらにさらに本格的につくるならコンソメもまぜる。飛行機ではさすがにコンソメは無理だろうが、先日乗った英国航空ではウスターソースを入れますかときいた。航空会社によってスチュワーデスが「完成品」をつくって出すのも、材料を提供して自分でつくるたのしみを与えてくれるのも、ウォッカをビンの半分入れて、あとは客の好みの濃度をさらに任せてくれるのも、いろいろとサービスが異なる。それを比較検討するのがこよなくたのしい。

運動が体にいい理由

肥満は大げさにいえば病気といっていい。高血圧、動脈硬化、心臓病、糖尿病、痛風と密接な関連があるからである。運動不足がさらにこれに拍車をかける。

動物実験でも運動不足が寿命を縮める、という結果が出ている。動物だけではなく、人間にも同じことがいえる。全米スポーツ医学会の報告がある。一週間一〇マイル～二〇マイル、ジョギングをする人と、四〇マイル走る人を比較すると、後者のほうが脂肪量が減少し、トータルコレステロールが減る一方、ＨＤＬコレステロール（善玉コレステロール）が増加していた。ただし、自分の肉体状況にマッチした運動をしなければ、かえって危険を招く。先年シンガポールまでクルージングをした「ふじ丸」のシップドクターの話によると、若い船客の骨折やアキレス腱切断などは、適度なウォーミングアップをせずに、いきなりはげしい運動をした場合に多いということだった。

運動は血液の循環をよくし、赤血球によって酸素の供給がよくなり、脳細胞の死滅率も減り、それだけ老化の進行も遅くなる。なにしろ体で消費される酸素量の二〇パーセントは脳で消費されるのであるから。しかも脳と筋肉は密接な関係があるのだ。脳や神経系は筋肉の働きをコントロールしているのだ。一方、筋肉が動くと大脳が刺激される。例えば、眠けを催したとき、口をいっぱいに開き、背すじや手足を思いきり伸ばしたほうが気分がすっきりするものだ。これは筋肉の活動が脳幹網様体を刺激するからだ。このように大脳と筋肉は互いに相補い、助け合っているのである。

スポーツをやったあと、われわれは爽快感を感じる。血液循環がよくなり、老廃物が排出されるとかいろいろの理由はあるが、その理由のひとつに、運動をすると脳内にエンドルフィンという一種の安定剤のような感覚をもたらす物質が発生することがある。その作用は二時間から三時間つづくといわれている。

スポーツに対する意欲をいくらもっていても、現実にそれを実行し根気よくやらねばなんの意味もない。大事なことは三日坊主ではダメでコンスタントにつづけることだ。

私もジムに通っているが、多忙でとても頻繁には出かけられない。せいぜい週に一回か二週間に一回が限度である。しかし、三日つづけて行って、三か月欠席というより、たとえ二週間に一度でも、そのペースで何年間もつづけるほうがずっといいと自らをなぐさめている。

勇気と気力こそが、このさい大切にしたいものであろう。

いつまでも健康を維持するコツ

いまは「生き生きセカンドライフ」と名を変えているが、かつて「お達者くらぶ」と呼ばれていたころ、私は森田眞積《まづみ》さんという大正二年生まれの元気な方にお目にかかった。私はその番組のコメンテーターをつとめていたが、スタジオでお目にかかったのではなくて、スタッフが氏の生きざまをビデオに撮ってきて、それを話題にしたのである。

そのビデオをみて、おどろいたというより、私の生態と比べて、あまりのちがいにがっくりきたというのが本当の気持ちだった。

幼いころからのスポーツ好き、東大陸上部のキャプテンをやったというベテラン。棒高跳びの選手として活躍した。戦後、四十歳ぐらいのとき、大学時代の仲間に誘われて再びスポーツをはじめたのだ。

氏は毎朝ジョギングをし、小学校の砂場で走り幅跳びをやり、走り高跳びの練習も兼ねる。一九七九年第三回大会（旧西ドイツ）以降、世界マスターズ陸上に連続出場し、走り幅跳び、三段跳び、棒高跳びで数多くの金メダルを獲得。いまなお充実したスポーツ人生を謳歌しているという方である。

氏はいう。


よくね、スポーツをやっているから健康だと思われるんだけど、そうじゃない

ですよ。七十歳すぎて、ムキになって走ったり、跳んだりして体にいいはずないですよ。むしろ少しでも記録を伸ばしたい、ながくスポーツをやりたいと思うから、生活をうまくコントロールして健康を維持するようにしているんです。「もう少し」というところをガマンする、つまりセルフコントロールをすることが健康につながるのでしょうね。みなさん、よく健康でありたい、とおっしゃるけど、なんの代償も払わないで健康を手に入れようっていうのは虫がよすぎますよ。

いまは情報が氾濫していますから、一般論としての健康法はだれもが知っている。しかし要は体が動くうちにそれを実行し、つづけることですよ。スポーツはまだまだやりますよ。なんとか健康を保って、つぎの七十五歳クラスのマスターズで世界記録をどんどんつくりますよ。

森田眞積さんはこのように意気軒昂で語っていた。私もここ二十数年ばかりスポーツジムに通っている。通っているといっても週に一回がせいぜいだが、今日はつかれているから昼寝をしたいなと思うことがある。そのほうが楽だがあとで自己嫌悪に襲われる。だが頑張って出かけるとあとで大きな満足感がある。楽より「苦労」をとるほうが心が安らぐことを私はジム通いの経験で知った。

第 6 章

老いのたのしみ方！

いつのまにか「老人」扱い

五年ほど前のことだ。

文芸家協会から総会の通知が来た。おどろいた。長寿会員（七十歳）の中に私の名が入っている。長寿会員には記念品（このところはイギリス製の毛布）を贈ることが恒例になっているが、長寿会員の方々は自分とはまったく無縁な、雲の上の大先輩という感じさえもっていた。しかるに、自分がその長寿会員の中に名を連ねているとはいかにしても実感がわかなかった。

私は総会を欠席した。数日後、ある会で、一年先輩の文芸評論家の巌谷大四《いわやだいし》さん（大正四年生まれだから大四なのだ）がニヤニヤしながら私の顔をみて、照れくさくて欠席したんだろう、といった。じつはその日、山形県で亡父茂吉の追慕全国大会が開かれたのに招かれて出席したのである。だが、もし出席可能であっても、巌谷さんのいわれるように、若干の照れくささと心理的抵抗感があって、私はひょっとすると欠席したかも知れなかった。

その年、私は日本精神病院協会の会長の座を自らの意志でおりた。また長い間つとめた早大文学部の教壇をおりた。少々寂しかったが、定年退職という制度があれば致し方ない。

まあこのように「老い」をしゃにむに突きつけるような現実がつぎつぎに押しかけてくる。そんなことは無視すればよいという声がどこからかきこえてくる一方、なんとか手を打ったほうがいいという少々あわてた声もきこえてくる。

子供たちから歳暮が届いた。包み紙を開けてみるとなんとパソコンが出てきた。パソコンひとつ打てない時代遅れのおやじを少し近代化させてやろうとハッパをかけてきた、そういう魂胆とよめた。まあせっかく贈られたのだからちょっといじってみてやろう。ポツンポツンとキーを打ってみる。なるほど紙の上に文字が出てくる。しからばひとつ文章らしい文章を打ってみようと思う。ガイドブックを開いて勉強をはじめる。さっぱりわからぬ。なにがなんだかとんと理解できぬ。読めば読むほど頭が混乱してくる。ええいめんどくさい。明日にしよう。

そんなわけでその機械は再び箱の中に入ってしまった。以来数年余りが経過したが、くだんの機械は箱の中に鎮座したままでいる。若い者から押しつけられ、命令されているようで私のプライドが傷つけられたのかも知れない。

自分の意志で、自ら行動を起こすことが必要だと気づいた。

そこでその翌年の元旦を期して私は一念発起、ある勉強をはじめた。「鉄道唱歌」の暗唱だ。

いざ「鉄道唱歌」へ挑戦——

老いの時間、私のたのしみ方

旧制一高校長、学習院院長をつとめられた安倍能成《あべよししげ》先生はお酒が入ると鉄道唱歌の全篇をお歌いになった。えんえんといつまでも歌が終わりにならないので周囲の者は辟易した。しかしみな、先生の記憶力の抜群なのに驚嘆した。

それにしても、鉄道唱歌の歌詞は読めば読むほどたのしい。興味しんしんだ。い

まの大都会が地方の小都市だったりする。幹線から乗り換えてローカル線に寄り道したりする。

汽笛一声新橋を
はや我汽車は離れたり
愛宕の山に入りのこる
月を旅路の友として

このへんはたいていの人は知っている。

右は高輪泉岳寺
四十七士の墓どころ
雪は消えても消えのこる

名は千載の後までも

もう、少しあやしくなってくる。大船で乗り換えて鎌倉で源氏のあとをたずね、横須賀で帝国海軍の艨艟《もうどう》に目をみはる。

静岡県興津《おきつ》の歌に名物の興津鯛が出てくる。昭和十八年戦争真っ最中の私の新婚旅行先で、歌に出てくる清見寺《せいけんじ》の境内で、若夫婦は駿河湾を眺めながらばあやが東京駅で差し入れてくれた焼き芋をほおばったのだ。その三か月後に私は軍服を着た。

少し先を急ごう。

山は後ろに立ち去りて
まへに来るは琵琶の湖《うみ》
ほとりに沿いし米原は
北陸道の分岐線

山は伊吹山のことだろう。さらに急いで神戸に到着する。

神戸は五港の一つにて
集まる汽船のかずかずは
海の西より東より
瀬戸内通ひもまじりたり

私はむかし五港といわれた港のひとつに新潟港が入っていることを最近知った。こういう興味が至るところにちりばめられている。

明けなば更に乗り換へて
山陽道を進ままし

天気は明日も望あり
柳にかすむ月の影

さあどんどん走って長崎へ行ってしまおう。わが四歳の思い出の地。

わが開港を導きし
阿蘭陀船《おらんだぶね》の集ひたる
みなとはここぞ長崎ぞ
長く忘るな国民《くにたみ》よ

夫婦旅行のすすめ

夫婦も中高年期にさしかかると、どこからともなくすき間風が吹いてくる。ツーといえばカーとこたえてくれるのは有り難いが、お互いの裏も表も知りつくしていて、新鮮味も面白味もない。必要以上に口をきくのもおっくうになる。ついには顔を合わせるのもうとましくなってくる。こういうのを夫婦の倦怠期というのだろう。

そんな夫婦に老後の生活設計などゆっくり語り合えるはずもない。夫婦間のマンネリを打破するためには事情が許せば夫婦そろっての旅行がもっともよい。日本旅行作家協会の会長としても太鼓判をおしておく。

旅の効用ははっきり目にみえるものの他にも限りなくあるのだ。日本人は儒教の影響もあろうが、旅に出るのになにか罪悪感のようなものをもっている。近ごろは大分さま変わりはしたものの、夏休みも多くとらないし、労働者の当然の権利である有給休暇の消化率も高くない。もうそろそろ、こういう状況を打破すべき時期が来ているのではないだろうか。

私は同じ場所に何回も出かけることをためらわない。行くたびに必ずなにか新しい発見があるからだ。三年ほど前、十数年ぶりでクイーン・エリザベスⅡ世に乗った。

一九八二年のフォークランド紛争に輸送船として参戦しているから内部がどう変

わったかが私の興味のひとつだった。私は従軍記念プレートを発見して満足した。たった一枚のプレートだったが私は写真をとり、文字を写しとった。

食事、風物、人情、習慣などなどなんにでも感動が生まれる。旅の効用の第二は、夫婦が互いにいたわり、頼り合う気持ちがもてることだ。とくになにかトラブルが起こったときに夫婦の気持ちは一層近寄るものだ。ちょっとしたひと言、あいづちが不安を解消する。相手への依存心から心の疎通が生まれるのだ。

主婦たちは一流のホテルや旅館に泊まりたがる。ルームサービスや仲居さんが食事を運んでくることに無上の喜びを感じる。旅行に出たときくらいラクをしたいという気持ちはわかるが、少し長期になると出費もたいへんだ。

ペンションやコンドミニアムのような所に泊まり、街で材料を買ってきて食事を調理するたのしみがあってもいいではないか。夫も食事をつくってもいいではないか。

レストランのメニューはよく覚えていないのに、そうやってつくった食事は妙に記憶しているものだ。パリにはおそうざい屋が至る所にあるが、そういう店をひやかして、細々《こまごま》した物を買ってきて食べるたのしみはまたひとしおだ。とくに老夫婦にすすめたい旅のひとコマだ。

旅は新しい知識との出合い

墓地を歩くたのしみは思わぬところに思わぬ人の墓を発見することにある。同じことが旅にもいえるだろう。思わぬところに自分の知っている人、自分と関係ある人とかかわりのあるものを発見して感動はひとしおだ。

父の親友のひとりに歌人の中村憲吉がいる。先生は昭和九年に没した。そのころ私はすでに少年であったからわが家においでになった先生のお顔も覚えている。

長じて先生の故郷の広島県の布野に未亡人を訪ねておいしいお酒を（先生の家は有名な造り酒屋で、先生ご自身も酒豪だった）ご馳走になったり、またお子さん方との付き合いもつづいている。べつのところでも書いたが、大正十二年関東大震災のとき、ミュンヘンに留学中の父のもとに「ユア・ファミリー・フレンズ・セーフ」という電報を打ち父を安心させて下さったのも先生である。昨年、尾道に「文学散歩」を試みたとき、偶然中村憲吉終焉《しゅうえん》の家をみつけた。尾道で亡くなったことは知っていたが、五十五年後にその家が保存されていることに感動した。旅のたのしみのひとつだ。

スコットランドといえばスコッチウイスキーだ。ハイランド地方のダッフタウンにはホワイトホースやグレンフィディックの蒸溜所（ディスティラリ）がある。もちろん私はスコッチにも大いに興味があるが、はじめて知ったのは私の知っている人物がそこの出身だったことだ。私は飛行機も好きだが汽車もむろん大好きだ。先年カナダ横断列車の「ザ・キャナディアン」にも乗った。この列車を運行するキャナディアン・パシフィック・レイルウェイはたいへんな難工事であったが、この鉄道を建設したのがジョージ・ステファンという人で、さいごの線路がつながったのは一八八五年の十一月七日午前九時二十二分、場所はイーグル峠であった。このステファンが帰国してグレンフィディック・ウイスキー酒造業をはじめたのだ。彼がここダッフタウンの出身であることをその工場で知って私は感動した。町の街路にステファン通りというのがあった。

話はまだつづく。翌日東海岸の港町アバディーンへ出た。そこで知ったのは、長崎のグラバー邸で有名なトーマス・グラバーがここアバディーンの出身であるということだった。長崎ではグラバーはイギリス人といっているが正しくはスコットランド人といわなくてはいけない。

それから二年後にまたアバディーンに立ち寄ったとき、グラバーの通った学校の一部（が残っている）をみ、彼の通学路をたどることができた。

旅は少しずつ、ブランクを「埋めていく」ことがたのしいのだ。

ストレスが老化予防になる

三年ほど前ウィーンの仕事を終わったあとベネチアへ出て二泊し、汽車でミラノへ。そこから日本への直行便で帰国する予定をたてた。

ご承知のように国際線はあらかじめ再確認（リコンファーム）する必要がある。どこでも立ち寄った町の航空会社へ行って切符をみせればよい。座席番号も確保できる。

ベネチアは空港を通過したことはあるが、泊まるのは三十年ぶりである。地盤の沈下がはなはだしく、裏街の家々の玄関にはひたひたと海水が浸入していた。

それにしてもこれだけ観光客が押しかける大都市にしてはベネチアはおかしな町だ。ホテルのフロントできいたら航空会社のオフィスは空港（モーターボートで行かなければならぬ）にあるだけで街中にはない。確認はフロントが代行してくれるという。よろしく頼むというわけで私は、街を歩いて再びホテルにもどった。

フロント氏が手招きする。彼の口からおどろくべき情報がもたらされた。ミラノからのA社の直行便の席がないという。冗談じゃない。切符はちゃんとあるのだ。しかもファーストクラスだ。成田から往路に乗ったB社にも責任があるからB社とも連絡をとるように頼み、彼はかなり長い時間電話をかけていたが結局はやはりダメですと肩をすくめた。旅行をアレンジした東京の旅行社に電話するより手がないでしょう。それより今夜のディナーは海に面したテラッツァ（テラス）でおとりになりませんか、と予約させられてしまった。そして「なんとかなりますよ」とイタリア人らしい明るさ（われわれからみるとちゃらんぽらんにみえるが）でひと言残して姿を消した。

私は暗澹《あんたん》とした気持ちになった。

ふだんの私ならこれはおもしろい、いろんな手を打ってみよう、C社便で北欧に出るのもいいし、モスクワ経由に切りかえてもいいなどと思うかも知れない。だが今度はミラノ発のその便に乗らないと間に合わぬ大事な会合をひかえているのだ。

私は深夜二時半を待って東京の旅行社に電話をかけた。社員の出勤する時間だ。

うれしいことに私の担当の社員がいた。彼はびっくりしてすぐ手を打ちますといった。朝になって彼から電話があり、やはりダメです、べつの便でコペンハーゲンに出て頂きます、会合にはなんとか間に合います、と。だが「なんとか」では困るのだ。

翌朝ベネチアをたつ直前に電話がかかり、予約がとれました、予定通りの直行便にお乗り下さい！

なんとかなりますよ、が本当になった。人生もそんなものだ。こういうストレスも老化予防になる。おかげで、その旅の印象はベネチアがもっとも強烈だった。

私は東京の会議に開会二十分前にとびこんだ。会場のホテルの玄関には係の人数人が心配そうに待っていた。

時々「なにか」がおこったほうがいい。

船の旅は心身の健康にいい

飛行機で転々とあちこち移動する大忙しの旅がいままでの日本人の一般的な旅だった。

それがやっと日本にも船旅（クルージング）の時代がやってきた。

先年、旅の雑誌に原稿を書くために、シンガポールまで「ふじ丸」に乗ってきた。「ふじ丸」は当時日本最大の客船（二三、三四〇トン）である。東京から香港、タイ、シンガポールをまわり、再び東京にもどる全航程は二十六日間である。おどろいたのは、その全航程を乗る人がなんと九人もいたことである。その九人も、ご多分にもれず女性優位で、七十五歳のおばあさまもいた。彼女はひとりで乗船していたが、子供たちがお金を出してくれてこの旅に参加したといった。食堂などで、他の女性の船客が面倒をみていた。

私はクイーン・エリザベスⅡ世（ＱＥⅡ）にも二回乗っているが、その前年も三週間の船上講師を頼まれて日程を調整していたら結局、客があつまらずキャンセルになった。旅行社の人と、やはり日本人には三週間はまだ無理なんでしょうね、と話し合ったものだ。

それが今度は日本船という条件もあろうが、二十六日も通しで乗る人が出てきたことは、日本人の旅もいよいよここまで来たかという感慨があった。

QEⅡのときもそうだったが、今度の船旅でも同じ経験をした。終日、食べているのにちっとも太らないという事実だ。

それだけ運動をしているのだろう。なるほど、ジョギング甲板もあるしエアロビクスやはげしいアフリカンダンスの講習会も開かれる。「ふじ丸」は八階建てだが、私はできるだけエレベーターには乗らずに階段を上がった。しかも大きな船でも少しは揺れる。廊下でも船室でも知らず知らずのうちに足をふんばり体のバランスをとっている。無意識下に運動をしている。終日時間刻みでイベントがある。参加してもいいしなにもしなくてもいい。自由があり、刺激がある。人とのふれあいがある。

船室のTVや劇場で名画も鑑賞できるし、図書室でゆっくり読書もできる。大海原を眺めながらの大浴場もある。

船旅ほど心身の健康にいいものはない。とくに「快老」のためにゆったりとした船旅がいよいよ盛んになることを祈りたい。

その後、「ふじ丸」の姉妹船「にっぽん丸」、日本郵船の五万トンの「クリスタル・ハーモニー」の処女航海、地中海クラブの所有船、世界最大の帆船「クラブ・メッド・ワン（ＣＬＵＢ・ＭＥＤ・ＯＮＥ）」のカリブ海クルーズにも乗った。近く、日本郵船の豪華船「飛鳥」の処女航海が待っている。私の船へのあこがれはいよいよつのるばかりだ。

私はこれからの日本人の旅はかつての、「忙しい」旅から「ロング・ステイ」型に変貌すべきだと考えているが、船旅（クルージング）こそはまさに「ロング・ステイ」ではないか。

第 7 章

笑えばボケない！

挑戦する人は老いない

女房とオーストラリアへ出かけた。例の「ハレー彗星」の年だった。日本国中がハレーに浮かれていた。往きの飛行機にはなんと小学生のハレー彗星見学団が大勢乗っていたのにはおどろいた。

シドニー近郊の精神病院を訪ねて、ドクターに近ごろなにか変わった病気がありますかと尋ねると、彼はニヤリと笑って「ハレー中毒！」と答えた。なるほど航空会社や旅行社やTシャツ屋などはハレーを売り物にしていたが、オーストラリアの人たちはそれほど夢中になっているとは思えなかった。

私は亡き母斎藤輝子のアマノジャク性を少々受け継いでいるらしいから、世間が騒げば騒ぐほど、それに反発する傾向がある。だがまた、母のあくなき好奇心もまた受け継いでいるようだから、ハレーを完全に無視することもまたできなかった。

それは往路の飛行機のコックピットでハレーを眺めさせてもらったことでもわかる。パイロットから案内がきたときにふたつ返事で出かけたことでもわかる。

アウトバックと呼ばれる大陸内部の砂漠地帯を車で走った。毎日三、四百キロの走行で、夜はつかれはてて泥のように眠りたかった。その眠りを妨害したのはほかならぬ女房である。

最初の「妨害」はテナントクリークの小さなモーテルで発生した。私は女房に起こされ無理矢理中庭に連れ出された。満天の星空である。あの明るく光っているのが火星。あれが南十字星。だからあの星雲のあたりにかすんでいるのがハレーよ。

ああみえた、みえたと適当に相づちを打って逃げ出そうとするが、再び女房の講義が再開するのだ。やっとこさ、アリス・スプリングスに到着し、はじめてホテルらしいホテルに泊まることができたが深夜私はまたもや女房にたたき起こされ、裏手の暗い空地に連れて行かれ、例のパターンの講義がくりかえされたのだ。

翌日はまた四五〇キロ走って待望のエアーズ・ロックに着いた。深夜一時ごろ、女房は夢遊病者さながらにパジャマの上にコートを羽織ってスーッと部屋を出て行った。しばらくして幽霊のように帰って来て、今度は私の手をとってホテルの三階の端に連行した。そこからは星空がよくみえた。例によって火星、南十字星、星雲、そしてハレー。

女房のこの執拗性にはいささかまいるが、しかし私の緊張を軽減させようとせず、逆に新しい刺激を注入することによって、緊張を増幅させようとしているのだ、と私はいい方向へ解釈する。

何事にも挑戦し、いい意味の興奮を伴う生活。これこそ老化対策の真髄ではあるまいか。まあシャクだけれど女房には感謝の意を表しておこう。

第二の人生を海外で

猛烈に働いてきたから老後はのんびり夫婦で故郷で暮らそう。そういう生き方も悪くない。ふたりで畑をたがやしたり、福祉のボランティア活動に専心するのも結構だ。ふたりで難解な『源氏物語』の原文にいどむのもいいだろう。

夫婦が二人三脚で、共同して生きがいを見出すことが老後の夫婦の生活設計の要諦ではあるまいか。

夫婦共通の生きがいを発見し、第二の人生の夢を託してアフリカのケニアに移住した夫婦がいる。

ケニアなら自分が打ち込める仕事があるのではないか。Ｈさんは定年を前にして論説委員をしていた新聞社をあっさり退職してしまった。

「たとえうまくいかなくたって、知らないところをみられただけでもトクをしたことになるでしょう。それに一度いい出したら私のいうことなんかきくような人じゃないですからね」と夫人も夫と同行することを決意。苦労して車の免許もとった。

ふたりがケニアに向けて旅立ったのは夫六十五歳、妻六十二歳のときだった。

故郷の家と土地を売った金で現地で家を買い、日本の若者のために「日本アフリカ文化交流協会」を設立した。土地の社会に溶け込み、言語、生活慣習、そして心を理解するための「塾」である。半年で男女六人しか受け入れない。現地人講師がスワヒリ語を教え、Ｈさんがアフリカ事情を解説、奥さんが英会話と食事の世話を担当。ガーデンパーティーを開いたり、田合に小旅行をしたりして生徒との交流を深めている。大使館員や商社マン、大学生など、ここ十数年間にすでに三百人の卒業生が巣立っている。

Hさんは戦時中上海に渡り、中国少年のために私塾を開いた。戦後引き揚げて参議院議員に当選。三年間の政治家生活ののち、新聞社の論説委員になった。その間、インド、アフリカなどを頻繁に旅行している。とくに気に入ったのがケニアだった。気候もよく、住人たちも屈託がなく、住みいいところと思った。それが実現したのだ。

もちろん苦労もある。学校運営など経験のないふたりだから協会設立の許可をとるのも容易ではなかった。開業しばらくは当然のことながら赤字経営で困ったこともある。しかしおふたりは喜びも苦しみも共にして世の荒波をのり越えて来た。

昭和六十年、日本とアフリカの文化交流に尽くした功績に対してH夫妻に日本国政府から勲章が贈られた。

ケニアに根を下ろしたふたりの第二の人生はながくつづくことだろう。

夫婦とはながい会話である

「荒城の月」の滝廉太郎はわずか二十三歳、樋口一葉も二十五歳、石川啄木もまた二十三歳という若さでこの世を去っている。「人生五十年」というと織田信長を思い出すが、それは遠いむかしのことにあらず、昭和二十二年、敗戦直後の日本人の平均寿命は五十歳だったのだ。

それがいまはまるで夢のような変わりようである。子育てを終わったあとじつに三十年ものながい夫婦だけの生活が待ち構えているという時代が来た。高齢社会はまさに「夫婦の時代」だといっていい。

昭和五十九年にお茶の水女子大学の行った「夫婦の結婚満足度調査」によると、定年後の生活では夫婦がいっしょに過ごす時間が増え、夫婦そろっての外出や会話の機会も増えるが、夫婦の会話が多いほど満足度が高い、という結果が出た。さらに家族の情緒関係で、「悩みや気持ちをわかっているか」「頼りにしているか」という質問を点数化すると、夫と子、妻と子の情緒関係は八点満点中六点であるのに対して、夫と妻では約七点で、親子よりも夫婦のほうがお互いの気持ちを理解し合っている、という結果も出ている。老いては子よりも夫婦であり、充実した第二の夫婦生活を送るためには、夫婦の会話が決め手になるということだ。

しかるに夫は定年まで仕事仕事の働き蜂、妻は妻で家事、育児に追いまわされ、ふと気がついたら、もう何年もお互いの間に会話がなかったという夫婦も少なくないのだ。それが、近ごろ話題になっている中高年層の離婚への引き金ともなっているかも知れない。こんな夫婦が定年になったからといって急にお互いの対話を増やそうとしてもどだい、無理な話だ。

お茶の水女子大の調査を待つまでもなく、夫婦の語らいから生まれる互いのいたわりがなければ、ながい老後を仲よく暮らしていけるはずもない。ふだんから率直に話し合う機会をもつことがいかに価値あるかがわかるのである。

「夫婦とはながい会話である」、哲学者ニーチェの言葉はまことに意味深いのだ。

若いころは会話の多かった夫婦もしだいに年齢を重ね、社会的地位も上がってくるにつれ、身辺の雑事や社交が増えて、帰宅してもメシ、フロしかいわなくなる。疲れて帰る夫にとって不愉快なのは妻のグチと回りくどい話し方だ。妻は夫の喜びそうな情報を要領よく話してほしいものだ。夫も同様に妻の喜びそうな、つまり役に立つニュースを伝えてほしい。このようなちょっとした行動が、それから何年間かのいい夫婦関係の基礎になるのだ。これは四十歳の半ばころからはじめなければ効果がない。

つねにがまんづよく

二十年ほど前にわれわれ夫婦は銀婚を迎えた。

私はおふざけで、女房に「表彰状」をおくったら、間もなく、お返しに小さなトロフィーをよこした。よくみると、英文で〝most patient husband（もっともがまんづよい夫）〃へと彫ってあった。

ある種の精神病は、病気が重くなるほど、自分の病気を認めなくなる。つまり病識がなくなる。病気が軽くなると、やっぱり自分は病的な状態であったのだなとわかってくる。病識が出てくる。

うれしいことに、わが女房には病識があった。女房が私をがまんづよい夫と認識してくれたのも、彼女が自らの非を認めたがゆえである。この瞬間、私の女房に対する長年の不満は、すでに解消とまではいかずとも、少なくとも軽減されたということができる。

何時に出発と前日から申しわたしてあった。私は定刻にきちんと玄関を出る。ときには車に乗り込む。さあそろそろ出てくるな、と私は定刻五分過ぎの時計を眺める。五分や十分はまだサバをよんでいるから、心はおおむね平静である。十五分がたち、三十分がたった。女房はまだ姿をあらわさぬ。私の心はこのへんから乱れはじめる。心臓の鼓動も高鳴りはじめる。遅刻したときのバツの悪さも脳裡をかすめる。ついに一時間がたつ。不安は不穏に変じ、はては怒りに転じる。一時間二十分、怒りは憤怒に到達する。

なにごともピークをすぎると下降線をたどるものだ。私の怒りがピークに到達したあと、怒りは次第におさまり、あきらめの境地が開け、心は神のごとく、安らかに静寂の域に歩み入る。下品な言葉を使えば、どうにでもなりやがれ、である。上品な言葉を使えば、あるがままに、である。この「あるがままに」が、大正中期に開発された有名な精神療法である「森田療法」の基本原理である。

だが、私は俗人であって神ではないから、私の心が完全に平穏を迎えたとはいいがたい。とくに母がからんでくると、もはや死の苦しみだ。母はせっかちで、時間は必ず守りますなどと世間に公言しているから、母といっしょに待たされるときなど、私はただただ恐縮してかしこまり、小さくなって一刻も早く女房があらわれることを祈るのみであった。あとで女房の言い分をきかされる。地方から大事な電話が入った。くどくどとながい。病院の職員がなにかを訴えに来た。またあとで、と

はいいにくい緊急な雰囲気がある。病院の事務長から急ぎの判断を仰いでくるなど
など、一理ある。
ああ私はあくまでがまんづよくあらねばならないのだ。

夫婦長持ちの秘訣とは

前項「がまん」について書いたが、お互いの欠点を大目にみて、長所をほめ、いたわり合うのが夫婦の間を長持ちさせる秘訣といっていいだろう。やはり大切なのは「思いやり」と「がまんづよさ」であろう。

「今夜は、私、少しいただこうかしら」という女房のさりげないひと言が、酒好きの亭主をいかに喜ばせることか。「私、お酒は飲めません」などという冷ややかなひと言は、夫婦の間の冷戦のもとになる。飲んだ風をしていればいいわばいいのだ。

気のきいた亭主なら、女房のために甘口のワインやリキュール、カンパリなどをそろえておくだろうし、出張先からわざわざ女房用などとかっこうをつけて、地酒

の一本も土産に買ってくるかも知れない。酒はもちろん、私が長年キャンペーンをつづけているように「適正飲酒」で飲まなければいけないが、その範囲ならば、酒の効用はバカにならない。ほどほどの酒は、すべてを美化させ、現実から逃避して別世界に遊べる。抑制がとれ、ストレス解消にも大いに役立ち、なににもまして「人恋しくなる」という点で、まさに「百薬の長」であるのだ。抑制つまりブレーキがはずれれば、歯の浮くような女房への「愛のささやき」「ほめ言葉」も出ようというものだ。

思いやりとか、お世辞とかいったが、夫婦の間には、一定のルールを確立しておくのも必要かも知れない。その内容はむろん、そのカップルの間だけに通用するもので、他人に押しつけるものであってはいけない。

私どもの結婚は戦争の真っ最中で、間もなく私は軍服を着てしまったし、戦争末期には自宅も病院もまる焼けになってしまい、戦後しばらくはボロでも着るものがあればありがたかった時代がつづいた。少し世の中がおちついて、アメリカの古洋服をヤミ屋から手に入れてとくとくと歩いたこともある。そのころ、女房が私にネクタイをプレゼントしてくれた。はじめはうれしくちょうだいしたが、そのうち、いくらいいネクタイでも、それにマッチした洋服がなければ意味がないと思うようになった。生活水準が向上した証拠であった。

身につけるものには自らの好みがあっていいはずだ。ネクタイはそれに合った服があってはじめて生きるもので、いくら高級なネクタイでもそれだけではまったく意味がない。私は女房に、ネクタイは自分で、自分のもっている服を念頭において買うから、お前さんは買ってくるな、とはっきりいった。

以来、女房はネクタイをよこさなくなった。わが家のネクタイ憲法である。

笑いの効用

夫婦が「一心同体」にたどりつくのは、じつのところ容易なことではない。

うちの女房の好きな小説がある。三島由紀夫の『禁色』だ。

ふたりの人間が、友人の葬式に出かける情景がある。未亡人は参会者に「主人は私ひとりを生涯まもってくれました」という意味のことをしゃべる。ふたりは帰途、海岸を歩きながら、「故人はあの女性の存在をとうとう最後まで奥さんにかくしとおしたねえ」と感慨深げに会話をかわす。井上靖の『通夜の客』にも同じような情景が描かれている。

女房と知人の葬式に出かけた帰り、女房は好んでこの小説をもち出して、私を誘導尋問する。「あなたも死んだら、お葬式のとき見知らぬ女性がひょっこりあらわれるんじゃないの」「隠し子がゾロゾロとね」「もうこの年になったんですもの、そろそろ白状したら。私、絶対に怒らないから」

私も適当に返す。「さあな、もう四、五年たったら白状するか」

こういう冗談をいい合えるのも、夫婦の間に信頼関係があればこそである。

ことにジョークは夫婦の間をくすぐり合い、脳細胞を刺激して老化を防ぐ効用がある。女房が、ときどき私あてにもらすジョークを二つ三つ。

朝。「あなた、いまサルバルサンよ」などという。サルバルサンはいわずと知れた抗生物質が開発されるまでにさかんに使われた梅毒の薬。エールリッヒが何回も実験をくりかえして、六百六回目にようやく成功したことから通称六〇六号といわれた。つまり女房はいま六時六分と時間を私に告げたのだ。七時七分は「ハイ、ボーイングの707（セブン・オー・セブン）ジェットよ」となる。

ボーイング707ジェット旅客機でボーイングは世界に覇をとなえたのだ。それでも私が目をさまさないと「ハイ、セブン・スリー・セブン（ボーイング旅客機737型）よ」となる。私が夜ふかししていると、女房は「あなたいい加減になさい。ワン・ノー・フォーよ」とぬかす。ワン・ノー・フォーというのは、かつて私が乗せてもらった航空自衛隊の超音速戦闘機F104のことで、パイロットたちは104をワン・ノー・フォーと発音する。つまり午前一時四分というわけだ。

私は女房のこういうジョークにはきわめて弱く、逆らうことなく、床から出、床に入る。このようにジョークは私たち夫婦の間の潤滑油の役割を果たしている。

こういうジョークは夫婦が互いに素直でないと出ないし、また幼児性がないと出て来ない。

日本人はどうもヘンに大人っぽくて困る。

夫婦を支える条件

「けさキューカン鳥が鳴いていたわよ」と女房。

「ハイ、わかりました、僕も鳴き声ききました」

私はその日の晩酌をガマンした。「キューカン」は「休肝」に通じる。つまり肝臓を休めること。とりもなおさずお酒を飲まないことだ。これだけの冗談めかした会話で、妻が夫に今日は酒を飲むなと命じ、夫がその命令に無条件降伏をする。このあ、うんのコミュニケーションも夫婦の間に長年培われた信頼関係があればこそ成立するものなのだ。

喜びも悲しみも幾年月、夫婦ともども荒波、強風、豪雪をのり越えて、なんとかゴールに近づきつつある夫婦を支えている条件はなにか、思いつくままにあげてみよう。

①相手にゆずること
②自己主張はほどほどに
③相手を立てる
④相手をほめる
⑤他人へのサービスをおろそかにしない
⑥相手を非難しないで、自ら批判をもとめる
⑦相手を他人と比較しない
⑧相手の社会的、個人的なプライドを傷つけず、満足させる
⑨経済的セルフコントロールを保つ
⑩情緒の安定を維持する
⑪オシャレを忘れない

⑫相手に過度の要求水準をもたない
⑬小欲知足。不平不満をできるだけ抑える
⑭夫婦の間にジョークを絶やさない
⑮相手の肉親の悪口をいわない

まあ、ざっとこんなところだ。

相手に適当に譲歩し、妥協しなければケンカが起こるのは必定。相手のなにかをひとつだけでもほめるのはマナーの最低条件。ただし、これが過度になるとわざとらしくなる。


「ギブ・アンド・テイク」

相手になにかを与えることは損するみたいだが、必ずお返しが返ってくるものと心得よだ。テイク・アンド・テイクでは人に嫌われるのがオチだ。

妻をどこそこの奥さんと比較してケナすことほど妻のプライドを傷つけるものはない。悪くすると殺人すら起こりうる。むろん、この反対もまったく同じだ。片方が経済的無能力者である夫婦が長続きしたためしはない。

ファーザー・コンプレックス、マザー・コンプレックスも夫婦関係の大敵。

「今日は一段とキレイだね」

心にもないことをいってみよう。

脳にいい「おしゃれ」の効用

脳細胞活性化のひとつに提唱したいのは「ベストドレッサーたれ」ということだ。なにも、デパートのショーウインドーからいま抜け出てきたような姿をしろといっているのではない。祖父の古いチョッキでも、うまく利用すればすばらしいセンスが生まれる。むかし、学生時代にはそういう古いチョッキを着るのがしゃれた登山姿だった。

「おしゃれ」の効用は、生活のリズムにアクセントをつけるということだ。

なぜベストドレッサー的志向のすすめをするかというと、心がけしだいではつぎのような精神的効用を獲得できるかも知れないからだ。

第一に、ベストドレッサーたらんがためには、高度の判断力が必要だ。今度の会合にはどの服装が一番マッチするか、いわゆるＴ・Ｐ・Ｏに合わせた服装選びをする判断力がまず要求される。

第二はバランス感覚だ。いくら何万円もするイタリア感覚にあふれた高級ネクタイであっても、服がそれに合わなければ、こっけい以外の何物でもない。

第三は勇気である。周囲の人にオヤッと思わせる感動を与えるような服装をするには、たいへんな勇気がいるものだ。自信をもってその服を着こなしたとき、ゆったりとした威厳もそなわって来ようというものだ。

第四は適応力だ。今日は寒いからコートを着よう。少し厚手の服を着よう。暑いから半袖にしようというのが適応だ。今日はお固い会議があるから地味なダークな服にしよう。今日は気楽な、気のおけぬ仲間とのおしゃべりの会だからラフでスポーティーなものにしようという適応。船上ではもっともこの適応性と判断力が要求される。朝食。十時のお茶の時間。昼食。スポーツデッキでスポーツ。フィットネスセンターで汗を流す。それぞれ服装を変えたい。そして、出港、入港前夜を除くディナーはフォーマル。紋付き羽織袴姿にしようか、タキシードにしようか、といろいろ考えるのもたのしいものだ。寒い日にポロシャツ姿、結婚式にジーパンをはいていくのは不適応だ。この能力は環境への適応力、つまり生活技術を意味する。

適応力の低い人は、周りの人からとり残され、孤独感にさいなまれ、精神的老化もはやまるにちがいない。

この四つの能力は服装を通じて気力を内面から充実させる。正装をすれば気分が引きしまり、ラフな姿をすれば気持ちがリラックスする。このリズムと、他人の目を意識することも、いい刺激を与えてくれることになる。

お金をかけず生活をゆたかにするコツ

親友の精神科医夫妻と海外へ出かけるとき、空港で待ち合わせた夫妻の服装をみて、女房があっと叫び、まあステキといった。

夫妻の服はまったく同じ生地でつくってあった。まことに「まあステキ」であった。ほほえましかった。

夫婦が、ともにベストドレッサーを目指せばさらによい。

むろん賞などをとれといっているのではない。それを目指す努力をすればいいのである。

私はベストドレッサーであるための条件に、「勇気」「判断力」「よきバランス」「適応性」「好奇心」「積極性」「社交性」「いい意味での自己顕示性」をあげたい。

いくら高級で高価な生地を使っても、バランスを失っては物笑いになるだけだ。

ブランド物の茶色い靴をタキシードやモーニングにはいたら、恥ずかしさこの上ないだろう。お金をかけなくてはなんのたのしみもない、と誤解している人もいるようだが、お金を頼ってベストドレッサーになろうなどという考えは、むしろ危険だ。不満がふえる一方だからだ。いかにしてお金をかけずに生活をゆたかにするかを工夫することが、結局は、こよなき満足感に通じるのだ。

服装はまたその場にそぐうものでなければならない。ラフな姿でいい朝食にフォーマル・ウエアであらわれたり、正餐《せいさん》にジーパンで出席してはおかしいから、判断力、適応性、バランスが必要だし、ある程度、人さまにみせることが望まれるから、勇気も、自己顕示性も、積極性も、社交性も欠かせないことになる。

ベストドレッサーは、あくまで「他人」があってこそ成立するものなのだ。

一着の服も、替えズボン、シャツ、ネクタイ、ハンケチ、靴下、靴をいろいろとコーディネートすることによって、フォーマルにも、インフォーマルにも、スポーティーにもなるものなのだ。

ブルーの服でも白のワイシャツにブルーブラックの水玉ネクタイ、黒靴下に黒靴をはけばキリッとしたビジネスウエア、夜のパーティーにも出席できる。そのブルーの服に白のスポーツシャツ、グレーのズボンをはけばがらっとスポーティーな雰囲気に変身する。こういうコーディネートがたのしみだ。

これは焼酎をベースに梅、レモン、カリン、リンゴ、サクランボ、アンズなど、いろいろの味と香りをたのしめる果実酒をつくるのにも似ている。

夫婦そろって出かけるとき、今日のあなたの服の色はなに？　という妻の質問は、はなはだ重要な意味をもつ。夫婦のきずなはこんなところからさらにつよくなる。

年をとってからのセックス

中年も後半にさしかかると、男性の性能力にも微妙な変化があらわれてくる。勃起力が低下したり、オルガスムスに達するまでに時間がかかるようになったり、あるいは若者のように早漏になったり、勃起はしても長続きしなかったり、射精したあとすぐ萎《な》えてしまったりする。

そういう状況を自覚すると、たいていの男性はうろたえ、悲観し、はては絶望する。

その結果さらにセックスがスムーズにいかなくなることはままあることである。そこへ「あなた、このごろつかれ気味じゃないの」とか、はては「もうダメになっちゃったのね」などとささやかれでもしようものなら、決定的な打撃を受けてしまうのだ。若いころ、自信のないところに相手のひと言で精神的外傷を受けるのと同じで、年をとって能力に自信がもてなくなり、一種の劣等感にさいなまれているときも、同じように精神的外傷に傷つくことになるのだ。

このように女房のほんのひと言でインポテンツになる男性もかなり存在する。本来、男性には攻撃的征服本能があるため、逆に女性から攻撃され、防御する立場になると、二度と失敗はくりかえしたくないという完全主義的自己防衛本能が働くようになる。さらに事態がエスカレートすると、強迫的心理が形成され、極度に失敗を恐れるようになる。これが性生活の中でインポテンツというかたちであらわれるのである。インポテンツの大部分は心因性といっていいのだ。

こうした時期にこそ、夫に対する妻のあたたかい思いやりが必要だ。妻のいたわりは夫にとって大きなプレゼントである。ただし、「あなたしっかりしてよ」などという激励の言葉などは夢にもいってはいけない。このメカニズムはうつ状態の人に対する家人の態度と軌を同じうする。

一方、女性も閉経期を迎え、いわゆる更年期がはじまる。性生活への不安感がつよくなる。閉経は性生活の終焉《しゅうえん》とか、子宮がなければ女ではない、などと誤った考えに惑わされる男女はかなり多く、その結果夫婦の間に深い溝が生まれることになる。

こういう状況も心理的なものが多いのであるから、夫婦のよきパートナーシップがあれば性生活を回復することは可能である。あまつさえ妊娠の心配から完全に解放されるわけだから、セックスを十分にたのしめるというものだ。子供たちが独立し、夫婦水入らずの生活がはじまるこのときこそ、セックスを通じて互いの愛情を確かめ合う絶好のチャンスではあるまいか。

「老いてますます盛ん」

とかく、老人の性は枯れていると思う人は少なくない。かつては人間早死して、高齢者が少なかったから経験がなく、実態が把握できなかったからだ。

しかし、最近、老人の性にまつわる事件が増えてきた。老人ホームでの高齢者同士の殺傷事件などが時々報道されるようになった。性的な被害妄想や嫉妬心から発生したものだときくと、私どもの心中には彼らの「人間性」を感じることもあるのである。

老人のセックスに関して、「いやらしい」とか「いい年をして」とか、性をタブー視するのは実態を知らないからである。

ある調査によると、老人の男子の五五パーセントは「性行為をしたい」と訴え、一三・七パーセントは「異性とたわむれたい」、一三・二パーセントは「精神的交際をしたい」と答え、その他を含めると、全体の九二パーセントの男性が性的欲求をもっていた。

一方、女性の場合は「性行為がしたい」六パーセント、「たわむれる」が四・二パーセント、「精神的交際」が一三・五パーセントだった。

これは男性の半分以下の数字であるが、女性が性に対して抑制的な倫理観をもっているために素直な回答が得られなかったものと考えられる。

また性科学者マスターズらは「男女とも八十歳をすぎてもなお満足な性生活をたのしむ能力がある」と報告している。

セックスは生理学的に死ぬ直前までつづけられる可能性を有するものである。ただ人間が意識的に、無意識的に中断しているだけなのだ。年をとれば視力も聴力も落ち、体力も衰える。セックスも例外ではない。しかし体力が減退したからといっていたずらに無為に過ごせば元も子もなくなってしまう。

廃用性萎縮という用語は「使わなければ萎縮してしまう」という人間生理の基本原理を示している言葉なのである。

余談になるが、かの文豪ゲーテは七十四歳で十九歳の女性を熱愛し、ビクトル・

ユーゴーは八十三歳の高齢で、死ぬ数か月前にも女性を愛していたと伝えられている。女性の性生活についても、大岡越前守の老母が、「灰になるまで」といったという話はあまりにも有名である。

老年期の性行動はたんに性交のみではない。抱擁、握手などのスキンシップ、対話だけでも性欲は満足させられる。それをふまえた上で、夫婦が理解し合い、幸福な性生活を味わってほしいものだ。

「老いてますます盛ん」いい言葉ではないか。

幸福とか不幸ってなに？

私はかつてテレビの人生相談をやり、その後かなりながい間、ラジオの人生相談もやってきた。新聞の連載相談も引き受けた。

相談はいろいろと多岐にわたった内容だったが、なかでももっとも多かったのが「不幸な結婚生活」であった。

「夫や妻への不満」「相手の不倫、浮気」等々だ。

とてもいい人だと思って結婚したのに、いざ結婚してみたら、とんでもない人間で、こんなはずじゃなかった、というのも多かった。私への愛情たっぷりだと思っていたのに、すぐに浮気をはじめた。夫が姑のいうことにはい、はいとしたがい、私を無視する。毎晩帰宅が遅い。酒とギャンブル、マージャン。経済観念がない。根気がつづかず、飽きっぽく、職業を転々と変える。酒グセが悪く酒乱の気味がある等々、訴えはキリがない。

なかにははっきり「早すぎた結婚」が犯人と断定できるケースもある。相手も周辺も家族の内情もろくろく知らず、ただ目先の人間、しかも表面的なものに目がくらんで結婚して失敗したケース。なかにはスナックで知り合い、たったの一週間で結婚にふみきった、なんていうのもあるのだ。

夫婦の不仲、けんかを訴えてくる人はたいていい自分は正しくて相手が全面的に悪いのだ、と強調する。よく調べると、ほとんどがけんか両成敗で、どちらにも非があるのだ。妻が夫を浮気に追いこんでいるケースが少なくない。いや大部分がしかりだろう。そして私は不幸だ、不幸だと不満不平たらたらで、因って来たるところを真剣に考えようとしない。ただ感情に左右されて情緒しだいで生きている人が多い。

またみんな、孤独で世界で自分だけがこんなひどい目に遭っていると錯覚している。そして他人に同情され、他人の関心をひこうと被害者であるような言動に走る人も多い。

だが、いったい、幸福とか不幸とかの一定の基準があるのだろうか。脳波やレントゲンやCTスキャンにかけて調べたってわかるもんじゃない。

つまり、幸福とか不幸とかいうものは、あくまで主観によるものなのだ。

かの有名なシェークスピアの言葉があるではないか。

「この世に幸福や不幸はない。自分が幸福だと思えば幸福で、不幸だと思えば不幸なのだ」

要するに、幸福というものは自らがつくり上げるものなのだ。

人間晩年になると、果たしてオレの一生は幸福だったのか、などと考えはじめる。そして幸福な気持ちで死んでいきたいと思う。だが過去はいかに後悔してももとにもどらない。それなら過去にこだわらず、過去をすて、今日一日を「うまく」生きていこうと思えばいい。それが積もって一年になり二年になる。

「いろんなことがあったけど、まあまあ幸福な部類に入るわね、私たちの一生は」

妻の（夫の）このひと言は千金の重みがある。

第８章

孤独でもボケない！

老いの不安を消す方法

老後の不安の最たるものはむろん病気であろうが、そのつぎに来るものは「貧しさ」だろう。

その不安をとり除くには、国に全面的に依存できないいま、それぞれの自助努力しかあるまい。ゆたかな老後を送るためには経済的設計を、なるべくはやくから立て、実行していくことが望ましい。その時期はできるだけはやいにこしたことはないが、働き盛りで収入も安定している四十代がもっともいい時期だろう。だが、その半面、この年代は住宅ローンの返済に追われ、子供たちの教育費もかさむときだが、この辺で思いきってスタートをきり、コツコツためていくこと、わずかでも少しずつためていく習慣を生活の中にとり入れていくことが大切だ。

むろん、五十歳からでも六十歳になってからでも遅すぎるというわけではない。要は年齢に応じて、それに合ったプランを実行していくことだろう。

生活費はもっとも大切なお金だが、うるおいのある老後を過ごすためにはぜひとも、旅行や趣味に当てる費用も欲しいものだ。また病気などで思わぬ出費がかさむこともある。今日の年金レベルでは不十分であることは明白だから、そのために中高年者が定年後も働きつづけているのだ。

昭和五十九年に労働省が発表した「高年齢者就業実態調査」でも働いている理由が、「自分と家族の生活を維持するため」と答えた人が五十五～五十九歳で八七・九パーセント、六十～六十四歳で七二・九パーセント、六十五～六十九歳の人でも六二パーセントもいた（編注　平成二十二年、独立行政法人労働政策研究研修機構によると、「経済上の理由」が男性七八・七パーセント、女性六四・四パーセント）。

だが、働ける人はまだいい。定年後、再就職できるのはひと握りの人たちだけなのだ。これも労働省の調査だが、五十五～五十九歳で就職できたのは、男性で五人に一人、女性で九人に一人、六十～六十四歳になると、男性はたった十人に一人、女性では十三人に一人というきわめてきびしい状況になるのだ（編注　同前による五十五～六十九歳の就業率は男性七二・二パーセント、女性四八・五パーセント）。

老後どのくらいのお金があれば満足な暮らしができるだろうか。総務庁（現・総務省）の調べでは高齢者夫婦世帯の月額生活費はおよそ二十一万二千円。夫に先立たれた場合の妻のひとり暮らしに必要な生活費がその七割とすると、単純計算で月額十四万八千四百円のお金が必要となる。年額で百七十八万円（編注　平成二十九年の総務省の調査によると、二人世帯の家計費は六十〜六十九歳で月額二十九万八十四円、七十歳以上で二十三万四千六百二十八円）。

この金額は物価の変動などを考慮に入れるともっと大きな額になるかも知れない。こう考えると定年までにせめて一千万円から三千万円の預貯金か、それに相当する個人年金が必要となる計算だ。

年をとるのにもお金がいる。漱石先生ではないが「兎角《とかく》に人の世は住みにくい」のだ。

「配偶者の死」どうのり越えればいい？

ストレスはいかなるときにもっともつよくかかるか。

心理的に「追いつめられた状況」もしかりだが、なんといっても最大のものは「喪失状況」である。

「喪失」といっても多くの種類がある。財産の喪失、火事で自宅が燃えた、社会的名誉を失った、自尊心（プライド）を傷つけられた、前途の希望を失った、など数えればキリがないが、なかでも最大のストレスは「人間」を失ったときである。

とくに「配偶者の死」においてしかりだ。ついで離婚、別居、親友の死、子が家を出る（娘が嫁にいく）などだ。

つよいストレスは消化器系統にも影響を与え、また副腎のホルモン生産にも影響を与え免疫力を低下させることもあるから、いろいろの病気をおこす。精神的にはうつ状態がもっとも多い。配偶者を失った人が間もなく、夫の、妻のあとを追って他界するケースもままあるが、いま書いたような理由で説明がつく。

とくに男性は女性に比べ、抵抗力、耐性が弱いから、妻に先立たれた夫は悲惨である。もっともなかにはホッとしている夫もいるだろうが、多くの夫たちはガックリくるだろう。これが定年退職の時期と重なり、しかも夫がなんの趣味もなく、仕事だけが生きがいといったまじめな人において、そのダメージはさらに大きいだろう。

うつ状態になり、アルコール依存症になり、悪くすれば老化が急にすすみ、老人性認知症におちいるかも知れない。しかし、趣味ゆたかで、毎日することが無数にあり、なにか新しいこと、学習などをはじめ、毎日の生活に生きがいを感じている人は無事であろう。

ところで、夫に先立たれた妻は当然のことながら、悲しみの毎日がつづくだろう。亡き夫をしのび、涙のとぎれることもないだろう。

しかし、妻を失った夫がたちまち「生活不能力者」になるのに比して妻のほうは、しだいに悲しみから脱却してつよくなっていく姿を、私たちは少なからずみている。

孤独をくよくよしてもはじまらない。要は気持ちのもちようだ。

外出しても夫の夕食づくりのために帰りを急ぐこともない。気のむくままに映画や芝居を観ることもできる。友だちとゆっくりお茶をのみ、世間話に花を咲かせることもできる。朝寝坊してもだれからも文句をいわれない。好きな本も思う存分読める。長電話も心おきなく楽しめる。カルチャーセンターで『源氏物語』の勉強もできる。

さあ「もうひとつの人生」の幕を開けよう。

「母親」業ははやく卒業する

とうとう女性の平均寿命が八十七歳を越え、男性のそれも八十一歳を越えた（編注　平成二十九年現在）。その伸び率は、世界各国に比べてきわめて急激である。子供の数が平均一・四三人（編注　平成二十八年現在）と減少したことも、女性の生き方を大きく変えつつある。

平成元年六月の発表によると、核家族が全世帯の六〇パーセントを占め、しかも一世帯当たりの家族数が平均三・一二人と過去最低を記録した。夫婦だけの世帯もしだいに増えているが、その半数が六十歳以上。いわゆる高齢世帯（男性六十五歳以上、女性六十歳以上）が全世帯の九・六パーセントと増え、十三年前の二・三倍に達した。そして高齢者の三人に一人が子や孫と別れて生活しているのである。

女性は子供に手がかからなくなってから、という条件つきではあるが、「もうひとつの新しい人生」を経験することになったのである。

なにしろ子育てが終わってから、母親はほぼ三十年も生き、父親も二十年余りも生きる世の中が来たのだ。

これは大いにめでたいことだが、従来の夫しだい、子供しだいの受け身の生き方では、せっかくのすばらしい「もうひとつの人生」を謳歌することはできないだろう。

もっとも問題となるのは子供と過剰接触、べったりとくっついた母親だ。

母親の過保護と過干渉、期待過大によって子供との間にいわゆるマザー・コンプレックスを形成し、子供の生活があらゆる面で母親依存におちいっている。そのくせ表面的には母親拒否から不登校、家庭内暴力というおさだまりのコースをたどる。母親への連日連夜の暴力で母親には年中生キズがたえない。母親をあごで使い、過大な要求を突きつけ、それが通らないと大暴れをして、家具からテレビまで破壊してしまう。ところが母がいないと極度に不安、恐怖を覚え、どうにもならない心理的パニックにおちこんでいる。母子分離を極度に恐れる。母もまた子供と分離することに不安を抱く。こういうたぐいの母親を high expressed mother とか high emotional mother と呼ぶ。要するに情緒過剰の母親というわけだ。子離れのできない母親なのだ。親子ともども不幸な生涯を送ることになる。

子供、子供と夢中になるより、四十代になり、子供に一応の目算がついたら、できるだけはやく母親業を退職し、自分と夫のための老後の準備をはじめようではないか。

大学生の息子を「ちゃん」づけで呼ぶのも、こういう母親の特徴のひとつだ。

女性が男性より長生きする秘密

日本をはじめ多くの世界の国々では女性が男性より五、六歳長生きしている。なかには十一歳も男が早死している国もある。酒、夫婦共稼ぎの影響もあるかも知れない。

女が男より長生きし出したのは、わが国では明治の末年から大正の初期である。それまでは女性はしいたげられた存在であったのだろう。

女性長生きの理由は簡単にはいえないが、女性のほうがエネルギー消費量が少なく、皮下脂肪そのほかのストックが多いということに要約されるかも知れない。

悲しい統計がある。戦争末期から敗戦後にかけて、日本の代表的な精神科病院である東京都立松沢病院で入院患者が栄養失調でたくさん死んだ。当時、一般国民はヤミで食糧をなんとか入手できたが、入院患者は国家の決めた配給量だけの食事しかできなかったからだ。その栄養失調による死亡率は、じつに男は女性の二倍だった。やはり男性のほうが熱量の消費が多く、ストックが少なかったのだろう。

こういった身体的要因以外に精神論からも、その秘密を探る必要があるだろう。

私は女性が多分にヒステリー傾向をもっていることに注目する。これはむかし、古代ギリシアの人も指摘したところである。ヒステリーとは「病的な状態に逃げ込むことによって、心中、こうあってほしいと思う心の欲求を満足させること」と定義づけられる。つまり、ヒステリーは「心を発散させる状態」あるいは「自己防衛に通じるもの」ということができる。女性がヒステリー状況を発しやすいということは、男性より外界からのストレスをうまく処理し、消化する能力が高いことを意味する。ここにも女性のつよさの源流がありそうだ。

「火事場の女はつよい」といわれる。ふだん担げないような重い物でも平気で担いで逃げる。欲の皮がつっぱっているから、といえばそれまでだが、神様が種族保存の重責を担う女性に、そういう力をお与え下さったのではあるまいか、と私はひそかに思っている。

ともあれ、わが愛すべき女性たちが長寿であることはまことにめでたい。だがそれは晩年、女性がひとり暮らしを余儀なくされることを意味する。これから女性のひとり暮らしはいよいよ増えるだろう。だが、孤独に耐える精神力は女性のほうが男性よりはるかにつよいことを私はいろいろのケースを通じて知っている。

ひとり暮らしも気楽でいいものだ。趣味に打ち込むのもいい。そんな解放感を存分に味わってほしいものだ。

妻より先に死にたい

どうやら、われわれの周辺の知人やご病人を観察していると、もちろん例外はあるにしろ、配偶者とくに妻に先立たれた夫の末路はどうも芳しくないようだ。反対に夫に先立たれた妻君たちは、なるほど不幸の直後は悲嘆にくれているが、そのうち次第に立ち直り、ついにはむしろひとり暮らしをたのしみ、優雅な生活をたのしんでいる人のほうが多いようだ。

私の気のおけない友人は、「ボク、家内に先立たれたらどうしよう」などと深刻

な顔をしてもらす。同席していた他の友人たちも同調する様子だった。

かくいう私も例外ではない。深夜ふと目ざめると同じ思いがわいてきて、あとなかなか寝つけないこともある。ただその具体的な生活状況はいざそのときになってみないとわからない。その時点での私の環境に、私がいかなるメカニズムで反応するかであるから、まだここに細かく書くわけにはいかない。そのうちヒマになったら、「孤独状況下における私の生きざま」などという題名の小説でも書いてみようか。

私は自宅建て直しのため、三年前家内とふたりでマンション暮らしをしていた。ふたりともこの世に生をうけてからはじめてのマンション住まいだ。

はじめのうちはことごとく珍しく興味しんしんだった。しかしそのうち次第に心細くなってきた。家内が外出してひとりで留守をしているときに、クリーニング屋が来たらもうどうしていいかわからない。書留がきてもハンコひとつおすのにも不安げだ。

宅配便ですなどというブザーが鳴ると脈拍が五〇くらいはやくなる始末。家内の命令で地下室のゴミ捨て場にゴミを運んで行っても、不燃物捨て場、ふつうの捨て場、ビン類などと書いてあっても、はてこやつはどこへ入れるのかとしばし立ち往生することもしばしばだ。あなた、はやく覚えてよなどと叱咤激励されながら、銀行のクイックコーナーへ連れ込まれても、どうしてもやり方がのみこめない。これは温めて飲みなさいなどと電子レンジの使い方を私に教えて家内は出かけてしまうが、結局その使い方がわからず、スープなどを冷たいまま飲んでいる。哀れな私なのだ。

やはり妻に先立たれた亭主は「生活不能力者」なのだろうか。ええいメンドくせえやなどとウイスキーをあおってウサをはらすことになる。

願わくば私は妻より先に死にたいと思う。ある調査によれば孤独な夫の寿命は平均より十五年も縮まるという結果も出ている。

妻よ、わずらわしい私の世話から解放されて、余生をたのしく明るく暮らしてくれ。

男も家事にたのしみをみつける

ストレスから発生する心身の病気は無数にあるが、なかでも神経症やうつ状態は、身分の変動、つまり人事異動や配置転換などを契機に発生することが多い。とくにその最たるものは定年である。

仕事一筋に突っ走ってきたビジネスマンにとって、定年は経済的のみならず心理的にも、大きなショックである。それは何年も前から、はっきりわかっていることなのに、いざその時期が来てみると、かつての覚悟はどこへやら、周章狼狽、ただうろたえ、なすすべを知らぬ、といった状態におちいる人が少なくない。職場という自分の世界を失い、穴のあいた風船のようにしぼんでしまうのだ。近所の人の視線が、いかにも自分をあざけっているようにみえ、自尊心を大いに傷つけられる。

あまつさえ、妻までがこれみよがしに（そう思えるのだ）いそいそとおめかしをしてカルチャーセンターなどに出かけ、帰ってくると『源氏物語』の「花散里《はなちるさと》」の話などを得意気にしゃべり、こんな高級な話などあなたは知らないだろう、といった高慢ちきな顔をする。亭主にとってはことごとく癪の種になるのだ。オレを放っておいていいご身分だな、などと皮肉っぽい言葉も出ようというものだ。そして女房の足を引っぱる。女房はますます夫に冷ややかな視線を投げかける。夫婦の間はいよいよ険悪になる。まさに悪循環だ。

一般に、年を重ねるほど、夫は妻への依存度が高まるものだ。一方、妻のほうは夫から離れていく傾向がつよくなる。この夫婦関係のすれちがいからも、女性の自立よりもさらに男性の自立が、深刻なテーマであることがわかるだろう。それは自立という点では男性は、どうやら女性よりも弱いというふしがあるからだ。

世の男性はなべて女房に依存して生きているらしい。ことに仕事に全力を投入して、研究一筋とか芸術一筋とかといわれている人ほど、その傾向はつよいようだ。

男のひとり暮らしがなんとなく暗い雰囲気があるのは、慣れない家事にいそしまなければならぬからである。男はとかく日常生活を軽んずるところがあるが、炊事などの家事にたのしみを見出したりするのも、ひとり暮らしをゆたかにするポイントだろう。

いまや「男子厨房に入るべし」の時代だ。なにも一流料亭の板前や一流レストランのシェフのつくる逸品を真似する必要はない。まず「原始的」な料理からはじめればいい。かくいう私の名作はプレーン・オムレツとコンビーフ・キャベジなのだ。「コンビーフ・キャベジ」などというとさぞむつかしい料理のごとくきこえるがなんのことはない、キャベツをザクザクと切断し、フライパンでジャージャー油炒めしている中にコンビーフをたたきこみ、こねまわしただけの話だ。だがこんなにうまい料理が世界にあるだろうか。これぞ世界一の味と私は大いなる自己満足に浸っているのだ。

年をかさねても若く美しい人の習慣

お年をずばりいうのは女性に対するマナーに反するからあえて明治三十六年生ま

れ(同じことだ)というが、石垣綾子さんは相変わらず美しく、生き生きして、前向きの人生をエンジョイしておられる。

石垣さんの語録のいくつか――「もう年だから」って投げやりになるのは、自分の生を辱めること。つねに挑戦する好奇心。未知の世界にふれるといきいきしてくる。思ったことをパッパッといっちゃう。若い人、とくに若い男性と近づきになると、緊張感があって若返る。年をとるとおのずと寂しくなるから、どんなことにもたのしみをみつけて暮らす。散歩は日課。空の色合いや雲の美しさにみとれ、小鳥のさえずり、木の葉のささやきに耳を傾けるだけでもたのしい。食事ももちろん投げやりにできない。原稿がうまく書けたときは庭で好きなおつまみをならべて一杯飲むの。「今日はいいものおごるわよ」って自分にいいながら食べるの。おしゃれはぜったい必要。念入りにお化粧して、明るく華やかなものを着るように心がけています。

きれいにしていると、自分もたのしくなるし、立ち居振る舞いもヨボヨボしていられないでしょ。絵もよく描きます。直されて教えられて少しずつうまくなってい

く実感がうれしいの。趣味だってなんだってせいいっぱいやることよ。人生は登り坂、つねに登っていくんだという心がけを忘れないようにしているの――

まあなんと、私の母の生き方と似ていることか。似ていないのは、母は絵も描かず、文章も書いていないところだ。その分だけ石垣さんのほうが上位に位する。

「竹林会」という絵の好きなメンバーの集団があり、毎年正月に画展を開く。この「竹林会」に顔を出すと新しい年が来たという感慨がある。作家の戸川幸夫さんや亡くなった詩人の草野心平さん、マンガ家の那須良輔さんもメンバーだった。むろん石垣さんの絵が何点かでんとかざられていることはいうまでもない。絵を描くことは脳の感覚野の三分の一も使い、左脳を使い、したがって右脳を休ませることになる。

手指運動や手指感覚の刺激が脳の賦活化に役立つのである。画家は梅原龍三郎も横山大観も長寿、平成三年二月五日、九十七歳で死去した中川一政画伯も晩年まで旺盛な制作活動をなさっていた。死去の直前、意識はすでにないまま、指で天井に向かって構図を描いていたとご令息からきいた。

石垣さんは年を重ねるにつれて周辺が寂しくなってくるが、それをはねかえすのは挑戦精神だとおっしゃる。まことにそのとおりで、石垣さんのくよくよした顔をみたことがない。

第 9 章

老い方は母に学んだ

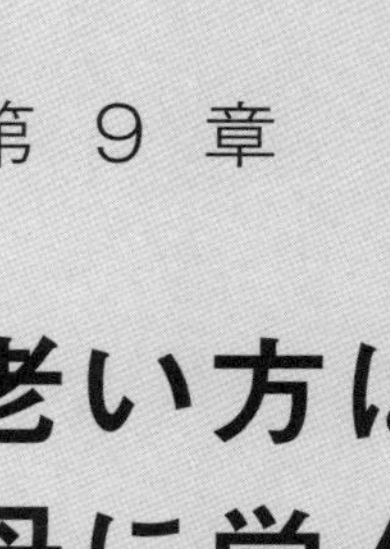

過去にこだわらない

私の母輝子は昭和五十九年十二月十六日、満八十九歳の生涯を閉じた。死因は胆のうがんであったが、解剖の結果、脳も他の臓器もかなりしっかりしていて、がんさえなければもっと長生きしたかも知れなかった。

母の生きざまをひと言でいえば、「過去をすてた人間」といってもよかった。母のヨーロッパ旅行のはじまりは大正十三年、ヨーロッパ留学中の父のもとに出かけたひとり旅であった。少し前に、中国の漢口（ハンカオ）に医者として勤務していた親類を訪ねたのが最初の海外旅行だった。上海航路の船長さんが今東光、今日出《ひで》海《み》兄弟の父君だったときいた。したがって厳密にいえばヨーロッパ行きは二度目の外遊ということになるが、当時マルセイユまで船で五十日余かかった。母は二十九歳だった。

そしてパリのリオン駅のすぐそばの「アンテルナショナール」という小さなホテルで四年ぶりに父と再会した。ふたりにとっては大きな感慨があったにちがいない。

昭和五十七年は茂吉生誕百年の年だった。母と私ども夫婦は、そのホテルを訪ねた。二階建てのむかしと変わらぬ姿をみせているそのホテルの前で興奮しているのは私たち夫婦だけで、肝心の母は「こんなとこ、なんの関心もないわ」といった顔つきで、待たしておいた車から降りようともしなかった。このように母は「過去」になんの興味も示さない人間である。「うつ状態」の特徴のひとつは過去にこだわり、過去を後悔することである。過去に支配される人間には精神の不安定がもたらされる。

昭和二十年五月の東京大空襲でわが家と病院が全焼したあと、婦長が「たくさんのお召し物をお焼きになって」と涙を流したら、母はひと言「さばさばしたわ」といったそうである。

昭和二十八年に父が死んでしばらくは「渡航審議会」というこわい役所があって海外渡航の審議をしていた。つまり渡航が自由ではなかった。提出した書類が突っ返されたり、ながい間とめおかれたりした。昭和三十年代になってやっとパスした私がヨーロッパに出かけた。むろん精神医療の視察という大義名分があってのことだ。

つぎの年にカナダの学会に行くときはかつて私の病院につとめていた、同地へ留学中のドクターから、「金を出してもらう」という格好でやっと学会に出かけられた。

そのころ弟（北杜夫）は水産庁のわずか六〇〇トンの水産調査船「昭洋丸」の船医ということで大西洋まで出かけ『どくとるマンボウ航海記』とかいう作品を書いた。

母は息子どもに先を越され切歯扼腕《せっしやくわん》したと思う。これが間もなく開始される母の大旅行の原点になったのであろう。

母は大いなるライバル

「三つ子のたましい百までも」などというが、私の母輝子の一生を支配した「あの手この手でなにかを達成する」という不屈の精神の片鱗がすでに二十代で発揮されている。

父茂吉がヨーロッパ留学に旅立ったのは大正十年十月のことである。本来ならもっとはやく留学するという計画があったのだが、第一次大戦が勃発したために延期されていたのだ。

父の乗った日本郵船「熱田丸」が横浜を出帆して神戸へ寄港し、そして日本さいごの港門司に立ち寄ったところへ母からの電報が届いた。いわく「オカラダオタイセツニ（お身体お大切に）」。

母にしては大出来の電報だが、私はこの電報の背後にじつは母の「策略」がかくされているのではないかと推測するのだ。いつかは父のあとを追ってヨーロッパへ行くのだ、という強烈な欲求が母の心中に醸成されたとしても不思議ではない。父母（私にとっては祖父母）を説得し、周囲の者を味方につけ、雰囲気を盛り上げることに成功する。むろん当時の日本では欧米に行く、つまり洋行するということはたいへんなことで、ほんのひとにぎりの人びとにのみ許された大壮挙であったのだ。

そこに関東大震災がおこった。父はミュンヘンにいた。新聞には富士山が半分吹きとび、伊豆の大島は海中に没したなどと報道された。十日後に日本の友人（歌人中村憲吉）が打ってくれた「ユア・ファミリー・フレンズ・セーフ」という電報をみるまでは父は、まんじりともしない夜々を過ごした。東京の下町は焼け野原になった。青山の病院は幸いに焼け残ったが損害は多かった。私は小学二年生だった。当然母の洋行は中止されて不思議はなかった。祖父母も周囲の者もむろん反対した。ミュンヘンの父も反対した。

ところが、大正十三年に母は家族の心配をよそに、たったひとり「華やか」に横浜を出帆してしまったのだ。母二十九歳であった。

戦後、母の初のヨーロッパ行きは昭和三十五年であるが、そのころ前項でも書いたように「渡航審議会」というこわい役所があって、そこをパスしなければ渡航は不可能だった。つまり観光はまだ許されていなかった。しかし母はあの手この手で審査を突破して出かけてしまった。

だがさすがの母も歯がたたなかったのは南極の昭和基地とアラブ首長国連邦で、アラブは私に先を越された悔しさに、あるオイルタンカーの会社に乗船を申し込み、船上から眺めるだけでもいいと頑張ったがダメだった。ザマアミロだ。ライバルが死んで私は気力が落ちた。

開けてみれば母のトランク

母といっしょに旅をしたことは何回もあったが、母のトランクの中味をのぞいたことは一度もなかった。

昭和五十九年十二月に母が死んだあと、はじめて私は母のトランクを開けた。

母は家族からじつにあっさりと物を借り、しかも、それを自分の尺度で扱うから、家族は泣きの涙だった。

私の息子が新しいトランクを買った。運悪く、それを祖母にみつかってしまった。

あら、いいトランクね、ちょっと貸してよ。そして翌日からの海外旅行にもって行ってしまった。気が小さく、祖母にはひと言も反論できない息子は唇をかみしめて、うつむいて涙ぐむだけだった。

不吉な予感が現実になった。旅から帰った母はあっさりいった。カギこわれちゃったわ、すぐ修理に出しなさい。息子にあやまるどころか、命令調でいった。息子は顔面蒼白となったがひと言も発しなかった。

あら、そのスカート、いいわね。明日からの旅行に貸してよ。スカートの持ち主は私の女房である。そのときも不吉な予感が現実となった。帰国した母は、このスカート「ミニ」になっちゃったわ、と「変形」したスカートを女房に返した。いつの間にか「ミニ」になっていた。スカートが少し長いと、はいたまま前屈みになってハサミで裾をジョキジョキ切った。そして直立したら当然のことながら「ミニ」ができていた。

ところで、母のトランクには、洗いざらしの浴衣、それも背中にヒモを縫いつけたもの。雨傘。カーディガン。ストッキングのスペア。糸、針。手帳とボールペン。

パスポート。薬。包帯。正露丸に抗生物質。私に時々請求する睡眠剤。甘味品とくに好物の虎屋のようかん。キャンディーにせんべい。

エビスメ（塩ふきコンブ）が出て来たときは私も女房も多分、顔色が変わったかも知れない。ワインを飲んでいるときでも、フォアグラを賞味しているときでも、ところかまわず、はいとそのエビスメを食べるのを強要するのが母のクセだったからだ。

要するに母のトランクは「いつでも飛び出せる」ように整備されたものだった。

クスリも食べ物も消費した分だけ、帰国するとすぐ補充していた。トランクにも手提げカバンにも、内側に布が縫いつけてあって、それが内ポケットの役目をしていた。すべて自分流に改造してしまうのが母のやり方だった。

つい先日、父茂吉の高弟の葬儀に女房といっしょに行った。女房が喪服の襟もとをさかんに気にしている。なにかしっくりしないという。襟を裏返しにしてみると縫糸が切られていた。その喪服は前に母に貸したことがあったそうだ。やられた！

その糸は母が勝手に切ったのだ。人のもち物でも母は自分に合うように平気で「改造」してしまうのだった。

人とうまく付き合う方法

人とうまく付き合う方法のひとつは、「人にスキをみせる」ことだと思う。つまり他人に安心感を与えることだろうが、これが過度になり、自己の失敗ばかり強調し、スキをみせすぎると、他人からダメ人間と誤解され、バカにされ、見下げられ、はては信用されなくなることだろう。

さればといって、反対に自己の完璧のみを打ち出し、絶対にスキをみせないと、他人の目からみると、はなもちならない人間のように思われるから、これも損な生き方だ。

しかしスキをみせないといっても、それがすぐバレてしまうような他愛ないことだったら、むしろ愛嬌があって、その人は評判を落とさずにすむ。

ウチの母はさいごの入院のとき、付き添っていた私の女房に、退院したらメキシコのユカタン半島のどこそこに行きたいわ、まだあそこはみていないから、などとわれわれからみると「つよがり」をいっていた。私はすでに母の前途を予感していたからだ。母が死んだあと、うちの山小屋のゲストブックの中に母が死ぬ前年に、「この山荘に来るのもこれがさいごでしょう。みんなよくしてくれてありがとう」と書いてあったのを発見した。母も前年に死期をさとっていたのだろう。しかしもち前の、人に弱身をみせまいとする気のつよさから、さいごのさいごまで、他人にスキをみせなかった。

母は旅行中の「失敗」は帰国してからいっさい家人にもらさなかった。ただひとつ例外がある。南米のチチカカ湖で船に乗るとき、渡し板がはずれて湖へどぼんと落ちたときだ。帰宅して開口一番母は「落っこっちゃったのよ」といった。いかにもうれしそうだった。チチカカ湖は富士山よりはるかに高い高地にあること、そこで水にぬれてもカゼもひかなかったという得意さが母に口を開かせたのだ。母はぬれた衣服をすぐ脱ぎすてストリップになり、もって来させた毛布にくるまってカゼになることを防いだのだ。

しかし、ローマで泥酔して一夜病院に厄介になったことは母の死後、同行した女流歌人の文章で知った。先日、母が七十九歳で南極に行ったとき同行したテレビのディレクターからべつの用件で手紙をもらった。南極行きの船上で私は毎日お母さまをおんぶして食堂へお連れしたとあったので私はとび上がった。母はそんなことはひと言ももらさなかったからだ。

まあ、適度な「強気」も適度の「自己顕示」も老化予防に役立つだろう。反対に「うつ状態」は老化を推進することはたしかである。

好奇心旺盛が老いにはいい

どうも母のことばかり書いて恐縮だが、どうやら「快老」に関しては、なかなか結構な教材であるからもう少しがまんしてほしい。第一取材費がゼロというのも最高の魅力ではあるまいか。

母の特色のひとつは好奇心旺盛ということかも知れない。

突如としていろんなことを質問するから油断もスキもなかった。

南アフリカのアパルトヘイト（人種差別）はいまではもうだれでも知っている言葉だが、ずいぶん前に、母からいきなり人種差別って英語でなんていうのときかれて困ったことがある。

あるときは、ラーガー・ビールの「ラーガー」とはどういう意味かときかれて私は絶句した。

私は以来、百科事典や辞書を座右の書として愛読するようになった。私の雑学はひょっとすると母のおかげであるかも知れない。電気工学などまったく素人の私が、テレビになぜ画像が映るのかを曲がりなりにも知ったのも母の質問によってである。

母は思い立つとたちまち行動にうつる特性ももっていた。それは祖父の血だ。日露戦争の前のこと、精神科医になろうとひとたび心に決めると、あっというまにドイツ留学に旅立ってしまった。あまり深く考えないで行動したようだが、それが奇妙に当たり、成功した。

母はドイツ留学中の夫、つまり私の父のあとを追ってヨーロッパへ出かけようと決心した。ところがあいにく、大正十二年、関東大震災が起こり、外遊どころの騒ぎではなくなった。むろん周囲の者も、ドイツにいた父もとめた。しかし、母はあの手この手で「難関を突破し」ついにヨーロッパに向けて旅立ってしまった。大正十三年夏のこと、母二十九歳であった。母のヨーロッパへのひとり旅にはいろいろエピソードがある。私は小学校三年生だったから、母の横浜からの船出の情景はよく覚えている。

船はエジプトのポートサイドに入港し、船客はカイロ郊外のピラミッド見物に出かけた。母はラクダに乗った。御者は母ひとりとみて、グループからわざと遅れて、チップを要求した。母はこのとき少しも騒がず、「アイ・ハブ・ノー・マネー」といい、前方のグループを指さし、あの中にハズバンドがいる、追いついたら金をやるからといったそうである。御者はだまされてグループに追いついてしまった。

さて、私が航空会社のフライトバッグをあつめ出してすでに三十年になる。土地の名の入ったバッグでもクイーンエリザベスⅡ世号の船上で売っているバッグでもなんでもほしくなる。数年前にオーストラリア横断鉄道の「インディアン・パシフィック」号に乗った。売店の前を通ったら、名入りのバッグがあった。食堂車に行く途中だったから、食後に手に入れようと思った。しかるに帰りにはバッグは売り切れであった。パッと目に入ったらパッと手に入れておかないと手遅れという大原則を、私はあらためて心に思った。これはとりも直さず母の行動である。

第 10 章

明るく老いるコツ

明るく老いる！

かつての老人は周囲の者から大切にされ、敬われて生きてきた。「敬老の日」という言葉に象徴されたものだ。しかし、現代はだいぶ、おもむきが変わってきて、高齢者の存在が軽んじられる「軽老の社会」となったらしい。「孤老」の姿がチラチラとみえかくれする。それは、老人の数が大幅に増えて、老人が稀少価値でなくなり、ポピュラーな存在となったゆえであろうと考えれば気が楽になる。

悪くすれば暗いイメージが描かれがちの高齢社会だが、それに抵抗して、高齢化をネアカにとらえる向きもあるから心づよい。

ちなみに博報堂生活総合研究所が企画編集した「生活新聞」では、二十一世紀にかけてのシルバーをあえて「明老」というイメージでとらえている。

ポスト・モダーン・シルバーが「明老」化する理由をうたっているので、ここに紹介してみたい。

●「明老」活発なポスト・モダーン・シルバー

①自立型共生へ～ひとむかし前とは異なって、現代では、環境が依存指向の高齢者を受容しなくなった。しかし現在、高齢者の自立度がしだいに高まってきた。やがては、周囲と新たな共生関係が生まれるにちがいない。

②都会型シルバー～年々市部に住むシルバーが増える傾向がみられる。すでに現在、日本の人口の四分の三以上が市部に住んでいる。都市をはなれて「疎開」指向の人ももちろんいるが、都市に生まれ、一生を都市で暮らす「都会っ子シルバー」がこれからも増えていくことだろう。

③長命者の圧力集団化～大正十四年、日本の、六十五歳以上の高齢者が占める人口比率は五・一パーセントだったが、将来推計では、二〇二〇年にはなんと二三・五パーセント、スイスとほぼ同率になると予測される。数はなんといっても強力なパワーである。

④強者的存在へ～工業化は、長老の知恵を生かしきれなかったが、来る知識集約型

社会にあっては、それが再評価されるだろう。高齢者のもつ人脈、ネットワーキングはソフト化社会の財産である。知的長老がもてはやされる時代になるのだ。

⑤リッチ・シルバー市場へ～若者が大手を振って、独身貴族ぶりを誇示するフローのゆたかな時代から、ストック重視の社会へとゆたかさが進むと、蓄積のある高齢者の立場は断然、強化される。

⑥老化の克服へ～感染症、伝染病を克服した人類は、つぎには成人病を追放し、さらにはエイジレスに挑むだろう。したがって若々しい高齢者が増えるにちがいない。

⑦脱進歩の時間概念へ～工業化の時代には、進歩の概念が支配していた。しかし、すでにその兆しがみられるように、脱進歩の概念がひろがりつつあり、古いものも再評価されている。判断の基準も新旧によるのではなく、よしあしがポイントになるだろう。人間に関しても同様のことがいえるのである。

⑧余暇中心社会へ～これからは労働時間が短縮され、余暇中心の生活へと移行する。

労働中心社会ではありえないことだが、ヒマの十分ある高齢者は、社会のみんなにうらやましがられる存在になる。つまり、高齢者はレジャー・リーダーになるわけだ。

⑨シルバー・デモクラシーへ～有権者中に占める六十五歳以上の人口は、一九四七年の総選挙では十一人に一人だったのに対し、一九八六年の選挙では七人に一人を超える比率となった。高齢者のほうが若年層より棄権が少ないことを考慮すると、民主主義国家では、シルバーの意向が政治に多分に反映することになる。いまや、「納税者デモクラシー」から「年金受給者デモクラシー」へと移行しつつあるのである。

⑩女性優位へ～二十一世紀は女性の世紀といわれる。同時に「おばあさま優位社会」がやってくる。六十五歳以上の男性を一〇〇とすると、明治三年には女性一二三の比率が、昭和五十九年には一四二になった。しかも高齢者ほど女性の比率は高く、ちなみに同年の八十歳以上では男性一〇〇に対し、女性は一七七である。自

活能力の高い女性高齢者の増加はそのまま「明老」化に結びつく。

ざっと右のような具合である。いささか楽観すぎるきらいがなきにしもあらずだが、高齢社会の暗い面ばかりとらえて悲観的になるのもよくない。社会は自身のもつセルフ・イメージによって、ありかたも変わってくるものだ。

長命長寿、大いに結構と考え、「明老」活発に生きたいものだ。

私が小学校を卒業したのは昭和三年だが、同窓会がまだつづいている。年に一回か二回開いている。男女の比はかつてほぼ同数同士だったが、ここ十年くらいの間に、その比率は大幅に崩れてきた。

あの世に行くのはわれわれ男性側のみで、彼女らはちっとも欠けないのだ。昨年はついに男女の比が一対二になってしまった。

私は散会するときにいった。

「近いうちにこの会も女だけになるな」

これは冗談のつもりでいったのだが、帰途、それが冗談と思えなくなっていた。

自立する老人たち

日本よりひと足先に高齢問題を抱え、「自立する老人像」をすでに描いている国、アメリカの高齢者たちの生きざまを垣間みることは、あなたのこれからの明老人生になんらかのヒントになるにちがいない。

●アクティブ・シルバー

アメリカを歩いて、まずおどろくことは老人の姿が非常に多いということだ。町の公園でも、繁華街でも、レストランでも至るところに老人の姿が多くみられる。ホテルやレストランの従業員も老人が多い。アメリカには町から村へ、村から町へ、という小型機による「空の路線バス」、エア・コミューターと呼ばれるエアラインが盛んだが、そのパイロットに老人がきわめて多いのに気づく。大手のエアラインをリタイアしたパイロットたちが第二の人生を求めて再就職しているのだろう。

むろんタクシー・ドライバーもしかりだ。しかし老人比率だけを考えれば、日本とそれほど大きなちがいはないのだ。六十五歳以上の人口比率は日本一〇・五パーセント、アメリカ一一・九パーセントなのである（編注　二〇一七年時点では日本二七パーセントに対してアメリカは一五・四パーセント）。このことは、家の外に出ている人が多い、つまり「アクティブ」な老人が多いことを意味するのだろう。しかも日本なら若者に占領されるような街やリゾートで、たくさんの老人が、その場にマッチした装いで人生をエンジョイしているようにみえる。

●スニーカー・シルバー

高齢者の行動性は、その足元にあらわれている。ニューヨークの街でみかける高齢者の五人に一人はスニーカーをはいている。若者よりもさらに明るい派手な色のパンツやスーツをスニーカーに合わせている。スニーカーは若者のものという考えはまったくなさそうだ。

●メイク・アップ・シルバー

化粧もまたしかりだ。若い人よりも老人の化粧のほうがむしろ派手ではないかと思う。アイシャドー、マニュキュアはもう当たり前のようだ。老眼鏡ならぬ大きな「ファッショングラス」をかけ、イヤリングは欠かせないアクセサリーになっている。

実際、街でみかける老人はたいへんおしゃれで、おばあさまという感じは少しも受けない。どうやら年をとるほど、化粧には気を使っているようだ。

いつか中国で、アメリカ人の老夫人がTシャツを裏返しに着ているので、みかねて女房が注意をしたら、裏返しに着るのがいまはやっているのよ、と切りかえされてギャフンとまいったことがあった。

なぜアメリカの老人は明るいのか？

いままでいろいろ書いたように、アメリカの高齢者たちの「明老」の秘密はいったいなんだろう。

まず選択性（チョイスの充実）だ。

老人としての生き方を多様な選択肢の中から選べるというアメリカの社会的状況が考えられる。人の健康度と経済の事情によって、また「趣味に生きる」「優雅に生きる」「働きつづけたい」などなど、それぞれが選択できる社会システムができている。

アメリカの至るところでみられるシニアシティズン（高齢市民）優遇サービスも、そのひとつだ。六十五歳以上だと観光地の入場料はたいてい何割か安くなる。スーパーも曜日を決めて老人だと三割引きにしている店もある。老人が社会で活動しやすいようにバックアップするシステムができている。

第二は自立性（インディペンデントの精神）だ。

年をとったとき社会や若い人に依存して生きるのでなく、それぞれの蓄積をベースにして、いまできることをやりながら、健康である限り、ひとりでも暮らそうとする徹底した姿勢がある。子供や孫との付き合いも六五パーセントの人が、「時々会って食事や会話をするのがよい」と考えている。お互いにあまり干渉せず、マイペースで生活していくということだろう。配偶者に先立たれたとしても、健康ならば、子供の家に入ることもない。そんな彼らがひとり暮らしをやめるときは車の運転ができなくなったときだという。しかも、そのときでも子供を頼るのではなく、老人施設に入るのがごく自然と受けとめられているようだ。

第三に現在性（ＮＯＷの重視）を肯定的、楽観的にとらえる気持ちをもっていることだ。仕事をしている理由をきくと日本人は「収入がほしいから」（三九パーセントでトップ）としているのに対してアメリカ人は「仕事がおもしろいから」（四〇パーセントがトップ）としている。またさまざまなグループ活動に参加する第一の理由では、日本人は「健康によいから」（三九パーセント）、アメリカ人は「たのしいから」（八九パーセント）といっている。とにかくアメリカ人は生活、人生をエンジョイする姿勢がつよいのである。

カリフォルニアのある私立精神科病院でドクターと患者がワインを飲みながら

ミーティングをやっているのをみたことがある。そのほうがなごやかな会話、ひいては精神療法がうまくいくとドクターはいった。お互いにそれぞれの立場をたのしんでいるふうだった。まじめな人の多い日本でこんなことをしたら役所もマスコミも問題にするかも知れない。些事《さじ》にこだわっては進歩がない。

高齢化社会には「シェアの精神」が大事

前項につづいてアメリカの高齢者たちの「明老」について考えてみたい。

前項で、彼らの「選択性」「自立性」「現在性」の三つについて述べた。

次は第四の互助性（シェアの伝統）である。

個人主義とは一見矛盾するようにみえるシェア（分かち合い）の精神も見逃せないところだ。

日本でならば、有料としか考えられないような仕事を彼らはすんなりとボランティアという名で無報酬で奉仕している。

ひとり暮らしやふたり暮らしの老人は少なくないが、こうした人びとを世話するのもボランティアである。しかも元気な高齢者が、人の手を必要とする高齢者に対して、ボランティアとして世話をするのが当たり前なのだ。八十三歳の老人が八十五歳の老人の世話をするのも珍しいことではない。

また社会へのお返しとして、自分の蓄えをほかの人たちへ分け与えるということもごく自然なあり方だ。アメリカの大学はほとんどが寄付金によって維持されていることは、だれもが知っている。

明るいアメリカの老人たちや、元気なヤングオールドたちの生き方を参考にして、われわれも「明老」宣言をして、セカンドライフをたのしいものにしたいものだ。

鏡を発明したのはアルキメデスだが、そのとき彼は七十五歳だった。ソフォクレスは七十歳で『エディプス王』を書いた。新しくは、ゲーテは八十三歳で大作『ファウスト』を完成し、孫のような乙女と恋をしている。自動車のフォード、チャーチル首相も相当の年で大仕事をなしとげている。『四谷怪談』を鶴屋南北は七十歳で書いた。彼らは人間の平均寿命がせいぜい三十歳、四十歳といった時代の人だから、なおさら偉いのである。

かの国を旅行していると「メイ・アイ・ヘルプ・ユー?（お助けしましょうか?）」という言葉を至るところできく。

私は重い荷物を抱えて、ヨーロッパの鉄道駅などで精も根も尽きはてて、ヘタヘタと座り込んでしまったことがある。最近のトランクにはたいてい車輪がついているし、ちょっと大きな駅には階段以外にスロープを設けるところが増えたが、むかしはそうではなかった。おまけにあちらのホームはどうしてあんなに低いのだろう。

ということは列車の入口が高いということだ。筋骨薄弱の私は重い荷をとうていもち上げられない。しかしほとんどの場合、「ボランティア」があらわれて荷物を上げてくれた。この「シェアの精神」は高齢社会にとってダイヤモンドよりはるかに大切なものだ。

あとがき

「少しは外に出なくちゃ身体に悪いですよ」
「だって疲れているんですもの」
「繊維の多い野菜をもっと食べてよ」
「だってすぐお腹をこわすんですもの」
「エレベーターやエスカレーターにはなるべく乗らないようにがんばりましょうよ」
「だって脚や腰が痛いんですもの」
「飛行機ぐらい乗らなくちゃだめよ」
「あんな重いものがなぜ空を飛ぶのよ」
「もっと派手な服装をしましょうよ」
「そんな恥ずかしいことできないわよ」

「年をとればとるほど牛乳は必要ですよ、骨がもろくなるからカルシウムを余計とらなくてはいけません」

「牛乳なんてとんでもない、牛乳飲むと必ず下痢してしまうんです」

「とにかく、あなたはヒマがありすぎる、なんでもいいからなにかしなくちゃいけませんよ」

「だって先生、ヒマなんですもの」

医師と患者の、こんな会話がいかに多くきかれることだろう。ああいえばこういう。まるで「きく耳もたぬ」といった感じだ。こういう患者の心はあくまで自己中心的で、すべてを自己を中心にものを考え、行動するのが特徴である。不平不満が多く、自己を卑下し、ただ他人をうらやむばかりで、壁をのり越え、少しでも前進しようとする意欲がまったくないのだ。

ここから発生する病的状態は、不安神経症、抑うつ神経症等が多くみられ、ひいては老人性認知症もひきおこしやすいのである。したがって、いつまでも元気で年を重ねる方法は、そういう患者の心とは反対の心をもち、行動することなのだ。

「旅に出ようよ」「途中で病気になったらどうするの」「たまには船の旅もたのしいじゃないか」「私はすぐ酔っちゃうの」これではダメだ。意欲がちっともない。

それでは意欲を振るいおこすための条件はなんだろうか。ひと言でいえば、それは好奇心ではないかと思う。なんにでも興味を示し、それを知ろう、トライしようという心構えこそがなににもまして大切なのだ。

本書はそのようなことを中心にして書いたつもりだ。明るくたのしく、愉快に年をとることをお互いに考えたいものだ。本書がそういう方がたの参考書にもなれば幸いである。

斎藤　茂太

本書は『元気の素――「老い」が恐くなくなる茂太流ボケない快老術』（ファラオ企画）を改題・再編集したものです。

ここが違う
ボケる人ボケない人

2019年2月20日　初版第1刷発行

著　　者　斎藤茂太

発 行 者　笹田大治
発 行 所　株式会社興陽館
〒113-0024
東京都文京区西片1-17-8 KSビル
TEL 03-5840-7820
FAX 03-5840-7954
URL http://www.koyokan.co.jp

装　　幀　長坂勇司(nagasaka design)
カバー・本文イラスト　田中チズコ
校　　正　結城靖博
編集補助　稲垣園子＋島袋多香子＋岩下和代
編 集 人　本田道生
印　　刷　KOYOKAN,INC.
D T P　有限会社天龍社
製　　本　ナショナル製本協同組合

ISBN978-4-87723-235-1　C0095